基督宗教

弗里茲・史鐸爾茲 著

楊夢茹 譯

東大圖書公司

譯　序

　　《基督宗教》這本小書是在很短的時間、在出版期限的壓力下臨危受命趕譯出來的。現在回想起來，答應做這件事的時候，實在有點兒大膽。這段期間心頭一直懸著這個未竟的工程，成了持續的現在進行式，箇中滋味至今難忘。

　　我本身不是基督徒，翻譯過程中除了勤查辭典，書桌上放著中、德文版的《聖經》之外，還不時向信仰基督教的朋友請益，希望儘量減少罣漏和謬誤。交稿日期像一顆定時的炸彈，終於在計時器滴答的催人聲中如期完成任務。卸下重擔的感覺真是美好，但心中仍是忐忑，唯恐編輯看出未臻理想的段落，計時器雖已停止，取而代之的是和自己算賬。

　　從事翻譯，讓我有機會踏入不同的知識領域，尋幽訪勝的同時像走迷宮一樣，這探索的逸趣是它最迷人的地方，往往能夠說服我克服翻譯過程的艱辛。我雖不是基督徒，但現在也對基督宗教有了基本的認識。交稿的當晚，我看到報導以、巴衝突的新聞，以色列人對巴游組織喊話：約旦河仍然在這裡！我於是比較明白現實的政治局勢之外，這句話背後涵蓋的宗教意義。

　　觀其原文，作者史鐸爾茲撰寫本書的時候，是以一般讀

者為對象，而非基督宗教的信徒，他誠懇的邀請讀者一窺這個普及且影響深遠的宗教的堂奧，因此書中的介紹和敘述都採學理為主的立場，處理歷史的場景與《新約》和《舊約》中的故事，寧可言簡意賅，點到為止，鮮少夾帶個人的看法。這種寫作方式需要深厚的學問，作者的責任在於綜覽群籍、旁徵博引，而且下筆時必須「無我」。這對此間讀者來說大概挺新鮮，我們不妨藉此重新界定閱讀的目的，並拓展閱讀的品味。

這本小書讓我忙翻了天，其間歷經字字辛苦與如釋重負的喜悅，擺盪於兩極之間。我要特別謝謝兩位好友秦令儀與喬凌梅，二話不說把我的譯稿修改得端端正正；而李寒賓小姐的協助也減輕了我不少的壓力。現在書出版了，球傳到了讀者專家的手上，祈請不吝指正，作為我們再求進步的依據。

楊夢茹

基督宗教

目　　次

導　言

　　基督宗教素有「典籍宗教」的特色，的確，有一本反覆援引的基礎、做禮拜時朗讀、講道的《聖經》，其內容被視為神的話。文字與話語是這個宗教的核心，我們若稱之為「語文宗教」也無妨。在非基督宗教中某些極為重視的表達方式，在基督宗教反倒並不多見：譬如圖像、敬神儀式以及宗教建築等等。基督宗教雖然也包含這些，但相形之下僅具有服務語言的特色。因此，我們在描述基督宗教時必須涵納這個重點。本書首章和最長的章節討論基督宗教的談話方式，主要的陳述內容，以及對此的告白。接下來的篇幅是關於禮拜、敬虔、組織方面的問題，而這些也一再回歸深刻影響基督宗教的《聖經》經文。

　　套用一個廣為流傳且正確的標語：《聖經》是一本歷史典籍，我們只要翻閱一下《舊約》開頭的〈創世記〉和《新約》結尾的〈啟示錄〉關於世界之初和末日的記載，就會同意這個說法。而在這前後當中是一整段關於宗教所詮釋的世界和人類的歷史，這也是敘述故事在《聖經》中佔最大篇幅的原因。其他的文字宗教，以伊斯蘭教為例，並未賦予歷史如此重要的地位。這也說明了何以基督宗教一方面成為一種創造

歷史的能力，以推動世界歷史的發展；另一方面，那些被遺棄的歷史也自行發展出另一番面貌。鮮少有任何其他宗教展現此等的轉折，而伊斯蘭教就是一個令人印象深刻的反例。

　　基督宗教被視為是《聖經》宗教，而《聖經》又被視為是歷史典籍，從中衍生出種種其他宗教並不常碰觸的問題。因為關於《聖經》會提到過去的人類和世界起源的問題。而以前的話語還適用於今日嗎?解釋這個問題的說法莫衷一是。在《聖經》被流傳下來的過程中，就已有了重新詮釋經文的趨勢；例如「福音書」在描述耶穌生平故事時經常使用《舊約》的經文，若非更具聯想性，就是詳細說明事件，然後作為《新約》中經文的對照。包括基督教會史也用這樣的方式，一方面將《聖經》中理所當然的經文變成新的歷史經驗，並試圖確立銜接經文脈絡的方式，於是在基督宗教中提供《聖經》一種實踐，持續在做禮拜時引用，也運用於講道和授課，並成為個人的讀物。在所有這一切的使用中，直接產生一種明確的世界意涵。另一方面建構出基督宗教的理論概念，試圖有效的定義經文。古代教會認為有聖靈（以及神自己）帶領《聖經》作者進行撰寫的工程，進入新時代，愈來有愈多的人認為《聖經》其實是關涉到「永恆理念」，而非只關心著《聖經》福音的字句。當代各種不同的觀點並陳，也互相對立，其中以近來探究「永恆真理」的基進主義 (Fundamental-ismus) 為代表，同樣從一種啟示的理解出發，並不考慮歷史的發展。這對立的兩派都試圖在《聖經》的歷史特質及其對

於現在的要求中去理解《聖經》福音。

　　基督宗教史的確在現今激起一股質疑基督福音的風潮，同時普遍使其退居次要的位置；正因如此，今日的歐洲一再被稱為「後基督宗教時代」。自從文化史上啟蒙的紀元之後，從哲學的世界觀開始，延伸到政治，最後影響到技術與工業革命，宗教不再是主宰生命的要素；人類史上首度不需要宗教也可以生活，許多信徒根本不清楚自己的宗教信念。值得注意的是，今日的信仰行為十分多元，無論負面（譬如基進主義）或正面（表示贊同或排斥信教的態度）都受到啟蒙的影響。基於這個理由，關於啟蒙的宗教層面也納入本書的探討題目。

　　本書不僅在於敘述基督宗教的基本事實，同時也要幫助讀者認識到自身源自基督宗教傳統並受其影響的立場，也許讀者並未全然意識到這一點。本書內容並不局限於讀者或這有點熟悉又有點陌生的宗教，而是要促使讀者自我認識。寫作本書是很有意義的，有時為了求證，必須進一步查詢未被詳細討論的《聖經》經文，以及閱讀被引用的經文的上下脈絡，這些工作都帶給我不少收穫。書後針對個別題目羅列的書目，是提供讀者進一步研究的參考資料。

第一章

信仰的宣告

以色列啊，你要聽！耶和華——我們 神是獨一的主。你要盡心、盡性、盡力愛耶和華你的神。我今日所吩咐你的話都要記在心上，也要殷勤教訓你的兒女。無論你坐在家裡，行在路上，躺下，起來，都要談論。也要繫在手上為記號，戴在額上為經文；又要寫在你房屋的門框上，並你的城門上。

〈申命記〉6 章 4-9 節

一、《聖經》——基督福音的語言

1.古以色列人的禮拜及禮拜語言

《舊約》根源於古以色列人的宗教，而在語言之外另有其他呈現宗教的可能，這扮演一個重要的角色。

參加古以色列人禮拜的人，首先要到聖殿參拜一次，這個宗教建築對訪客的宗教感受具有深刻的意義。例如位於耶路撒冷的錫安聖殿被視為是世界的中心，從這裡望去盡覽一切。來做禮拜的訪客看到一座神居住其中的神殿；他看見神殿旁事奉神的奇珍異獸，靠著它們的權力干涉世界的運行。眼目所見的視覺體驗對於朝聖者而言（也包括參加其他各種禮拜者）是至為重要的。

隨著眼睛所見而展開的行為，這就是「儀式」一詞狹義的意思。這個行為的內容包括繞行聖殿、參加禮拜者先行必要的潔淨措施、獻祭和緊接而來的聖餐，以實現與神和團契共同的慶祝。

在看見和行動的範圍之外，尚有對於傳達宗教福音或許較不重要的其他層面，像是音樂或味道，兩者皆在《舊約》的禮拜中占有一席之地，而不僅是「潤飾」的元素。

語言在以色列人的宗教裡從一開始就具有非凡的地位與價值，相較於其他傳達宗教福音的可能性，隨著西元前 587

年失去聖殿耶路撒冷，以及民眾的精神導師流亡到巴比倫，語言的重要性也因而不斷提升。因為當時的以色列人被迫徹底改變他們的禮拜儀式：具有多重視覺方向指引的主要宗教建築消失了，許多神聖活動（例如獻祭）再也無法舉行了，祭司和詩班人員再也不像往昔一般執行他們的服事。留存的僅剩下對禮拜的記憶，而這當然是以語言形式保留下來。

雖然在後流亡時代隨著聖殿新耶路撒冷(西元前 519 年)的建造，再度出現一種更為豐富的新禮拜儀式，語言卻始終是以色列人宣教的最重要元素，因為自此以後猶太教不僅在巴勒斯坦，而且也在散居地（巴勒斯坦以外少數以色列人的居住地）繼續發展下去；這個散居地的重要性日益增加，並塑造出獨特的宗教形式，除了禮拜宣教和一種宗教虔誠規範的生命過程之外，受希臘精神影響的反思而修訂的宗教哲學在此更深具意義。

下列這三個元素對於基督宗教具有最重要的意義：第一，以語言宣揚宗教福音為中心的禮拜儀式，以及由此陶鑄出來支配日常生活的生活方式；第二，對於持續控制禮拜的宣教過程和生命塑造的省思；第三，在獨特的傳統論壇前以及在一個不受基督福音影響的環境中，試著讓這一切過程透明化。

2.《舊約》基本的宗教談話形式

《舊約》宗教福音的語言形態呈現出全然不同的談話形式，各有特殊的運用情境和意圖。要想明白基督宗教的宣教

形式，必須先了解《舊約》的前史。

　　《舊約》基本上是敘事體。引人爭議的是，我們能否將《舊約》的敘事當成「神話」看待呢？相較於其他古老東方宗教的敘事，一些相異點立刻掠過眼前：《舊約》歷史一律處理發生在以色列（尤其是以色列民族的個別代表人物）與耶和華神之間的事件；相反的，以色列鄰邦則大多是描繪眾神之間的故事，人類是否涵蓋在內並不重要。此外，《舊約》故事（原始故事除外）更進一步與以色列民族所在的地理位置和歷史結合，因此有人認為其中許多則故事比較接近「傳說」，而非「神話」。

　　在這個關聯中，《舊約》的宗教故事具有一個不同於源自鄰邦文化宗教故事的特殊性。大多數以色列鄰邦的神話均有其崇拜的源頭，也就是將原本在禮拜上講述過的故事，加以整理而成。以巴比倫的新年神話為例，這是一則堪與《聖經》〈創世記〉比擬的故事；因為其中一部分的儀式說明被保留下來，使我們得以很清楚這則神話的運用。其他的神話和史詩雖然題材出自於崇拜事件，然而透過奇特的敘述藝術組合起來，而不再是直接反映出禮拜事件。總而言之，這些故事間接地與禮拜範疇有關。

　　相反的，《聖經》故事大都另有源頭。〈創世記〉中所謂的「父長故事」，圍繞著亞伯拉罕、以撒和雅各這幾位人物，原本像是一則家族傳說，具有典型的事件始末、家庭情勢和衝突的歷史故事，以及傳達來自游牧民族生活範圍內的價值

實踐。〈士師記〉的傳說已被認定為「英雄傳說」，具有對應國家組織形成之前氏族政治情勢的功能。其他傳說則又是源起於預言——一個列王時代的宗教思潮。

雖然這些故事在當時世俗範疇的意涵中並不指涉與宗教方面的關聯性，原本只有確實出於神的談話，或是運用抽像的宗教這一部分才具有「宗教」意涵，但這些故事卻日益深陷於表達宗教意義的誘惑當中，神搖身一變成為一個特定的主體，終於成為宗教傳說；而那些家族歷史也就轉變為神帶領以色列列祖的歷史。這些敘述經過廣泛的收集和仔細整理，最後形成今日《聖經》的脈絡：前史的總述和以色列人與他們的神之間的故事，成為一個在神學院中找得到故事形式的教材。

> **閱讀指引**
>
> 〈創世記〉12 章 10–20 節，這原本是一則自誇的歷史故事，內容關於聰明的祖先亞伯蘭與愚笨的法老，從中衍生出一則神拯救人於危難的故事。可參照〈創世記〉20 章和 26 章 7–11 節同一敘述的不同變化。

《舊約》中直接表現禮拜的經文是祈禱書，主要保存在〈詩篇〉中。考量〈詩篇〉的語言形式至少一部分原本是以音樂唱合的（儘管這些音樂風格大不同於今日我們所理解的音樂），語言也只不過是信息的「符碼」。的確，〈詩篇〉並非各方面反映古以色列人的禮拜，然而絕對是極富啟發性的片段。

我們可以根據兩個觀點簡單地區分禱告：一是讚美與哀

求的〈詩篇〉；一是與個人或全人類有關的〈詩篇〉。要在世界上生活美好、在神裡的盼望實現的地方，大聲讚美神；這是《舊約》中一般人對生命所懷抱的情感，至少流亡到巴比倫之前都是如此。當神所創造的美好世界展現在面前，要讚美神（即「讚美詩」）；這個世界是以色列人的，是為以色列人而創建的（其他民族根本不屬於這美好世界，耶和華是以色列的神，而非其他民族的神）。以色列人敬拜中的原始談話形式即是如此，如同反映在〈詩篇〉當中，也就是以色列敬拜團契的讚美神；在古代個人必須完全融入團體，按照團體行事，絕不可過著私人一己的生活。

> **閱讀指引**
>
> ●
>
> 〈詩篇〉98 篇，一首讚美以色列的神——耶和華的詩，祂運行於世界，與祂的子民以色列同在，並受到全地的崇敬。

　　個人如果出於某種理由不再隸屬於團體，也許是生病或個人遭遇其他困難，將會是一大問題。碰到這種情況，個人的哀求有其重要性，透過固定表達的禱告流傳下來，以語言收納典型的困境，並加以整理，陳明在神面前，祈求神的拯救。求告的目的是將受苦者再度導向完全的生命，並且被團體接納，因此在求告末了往往會大聲宣告對神的倚靠，期待神的幫助；有時祈禱者也會先讚美神，

> **閱讀指引**
>
> ●
>
> 〈詩篇〉13 篇以哀求為主題，篇幅極短。禱告以哀求和祈禱開始，而以表示倚靠與期待拯救結束。譬如在〈詩篇〉30 篇就收錄一首感謝歌。

或是為得救時的獻祭來讚美。一旦救贖應驗了，被拯救者就獻上一首感謝歌，或更好的是一首讚美歌，因為他現在又可以如同讚美詩中所表達的一樣，一同讚美神，並在家庭慶祝擺上獻祭和裝飾，來慶祝這件大事。

　　有時會出現整個團體遭受危害，生活秩序遭到破壞的情況，例如因戰爭或飢荒導致生活困頓。當此之時，要再度大聲求告，這一次則是要與遭遇相同命運的會眾一同求告。

　　由此可以清楚看出古以色列人宗教語言重要的基本形式，他們如何整理《舊約》的詮釋：一是包含許多故事，部分回歸民間傳說，部分則是以色列民族與耶和華神之間的歷史；這些歷史都經過完善的整理，以不同的角度來觀照整個世界（「摩西五經」是《舊約》的主要內容，包括一幅創世的圖像、基本歷史和文化，同時也傳達律法，也就是以宗教為準則的生活規約）；接著是〈約書亞記〉和〈列王紀〉，按照以色列人的用語，就是「預表」以色列人歷史的後續發展。二是書中記載了一系列做禮拜時的用語，藉此我們得知禮拜是如何進行的。可以看得出來，以宗教觀點來詮釋的世界是救贖的世界，這就是以色列人早先宗教歷史的基本經歷，但引發的爭議卻有增無減。

3. 宣告的意義

　　以色列人的宗教歷史產生於一連串的危機當中，並與這個民族的政治命運緊密相連，因為以色列人的宗教自大衛與

所羅門時代（在這之前的一切僅能視為以色列宗教的前史）
成為民族國家宗教那時起，才開始具有真正的意義。大衛這
個人物特別讓人難以忘懷，以色列人的宗教意識因他陶鑄而
成。他宣達耶和華的救世秩序，也正如此被視為神與人之間
的使者。

很早就有人質疑以色列這個國家的政治形勢，所羅門死
後（大約在西元前 925 年），領土分為互相對峙的北方（以色
列）與南方（猶大）兩個王國，彼此要求實踐耶和華的生命
秩序。自西元前 9 世紀以來，以色列內部派系對立的情況益
發鮮明，並且以強烈的宗教衝動來質疑現存的秩序。西元前
721 年亞述人征服以色列王國，西元前 528 年又拿下猶大王
國。以色列人宗教傳統的核心因此受到撼動，一切的傳統都
遭受質疑，流傳於宗教故事中的價值蕩然無存，耶和華再也
無法維護祂在政治和歷史領域的主權。最能顯現並確保教會
生活秩序功能的禮拜盡遭破壞。簡言之，世界不再是眾所認
同的由神所創造的，似乎由別的神統治。

這番劇烈的變動危及以色列宗教的存續，至今有效的宗
教指引不足以啟發真實，由此產生兩個可能：以色列人或是
歸向另一個宗教（這占民族多數，政治情勢轉變時，改變信
仰是很平常的事）；或是以色列的宗教自行改變，以接受新的
考驗。根據《舊約》記載所呈現出今日《舊約》宗教的最後
面貌，反映了其中的轉變，這個過程是必須加以注意的。現
在，宗教已不再神聖不可侵犯，人們不必普遍接受宗教的價

值和規範。沒有這些流傳下來的宗教，人們照樣可以過著有成就的生活。現實的政治和社會已經與現實的宗教分道揚鑣了。

　　這個情況波及到各個宗教領域。按照新的理解，神的力量不再簡單地縱橫於政治和軍隊，而是潛藏在當下，並在未來才啟示。宗教的生活行為不但不被視為理所當然，而且需要源自於啟示的特別理由，甚至必須時刻加以提醒和操練。啟示並不產生於在世界上與神的當下相遇，而是在一個無法重覆的過去或是迎接的未來。

　　這個宗教上通用的事實表現在宣告當中，宣告投射出一幅神、世界與人的圖像，並要求真理；但是這個追求真理引起爭論，因而必須時常重新宣告。

　　這裡提到的「宣告」並非局限於某種特定的談話形式。就這層意義而言，《舊約》的歷史描述可以進一步稱為宣告，因為在解釋分歧的時代，將以色列史詮釋為救贖、尤其是不救贖史。許多詩篇也以這種方式來作為信仰的宣告。

閱讀指引
•
〈約書亞記〉24 章；
〈詩篇〉74 篇。

　　總體而言，簡潔的表達宣告是趨勢所在。其中特別凸顯一種回歸中心的說法：統一、獨一的耶和華。這變成今日整體奠立在《舊約》猶太教的基本信仰；而基督宗教也在這個宣告中找到一個基本的出發點。

二、宣告的表達

1. 耶和華獨一無二

以色列啊，你要聽！耶和華——我們 神是獨一的主。你要盡心、盡性、盡力愛耶和華——你的 神。我今日所吩咐你的話都要記在心上，也要殷勤教訓你的兒女。無論你坐在家裡，行在路上，躺下，起來，都要談論。也要繫在手上為記號，戴在額上為經文；又要寫在你房屋的門框上，並你的城門上。

耶和華——你的 神領你進他向你列祖亞伯拉罕、以撒、雅各起誓應許給你的地。那裡有城邑，又大又美，非你所建造的；有房屋，裝滿各樣美物，非你所裝滿的；有鑿成的水井，非你所鑿成的；還有葡萄園、橄欖園，非你所栽種的；你吃了而且飽足。那時你要謹慎，免得你忘記將你從埃及地為奴之家領出來的耶和華。你要敬畏耶和華——你的 神，事奉他，指著他的名起誓。不可隨從別神，就是你們四圍國民的神；因為在你們中間的耶和華——你 神，是忌邪的 神。惟恐耶和華——你 神的怒氣向你發作，就把你從地上除滅。

> 你們不可試探耶和華——你們的 神，像你們在瑪撒那
> 樣試探他。要留意遵守耶和華——你們 神所吩咐的誡
> 命、法度、律例。耶和華眼中看為正、看為善的，你
> 都要遵行，使你可以享福，並可以進去得耶和華向你
> 列祖起誓應許的那美地。照耶和華所說的，從你面前
> 攆出你的一切仇敵。（〈申命記〉6 章 4–19 節）

　　這段經文屬於〈申命記〉中所謂的序言，被視為是律法
總編（12–26 章）的核心。這一章概述頒布律法時的情況：
摩西將死之際說出這些律法，向以色列人傳達進入應許的迦
南美地。似乎是歷經曠野飄流的混亂之後律法樣貌略為改變，
藉此重新恢復在西奈山頒下的律法。

　　有研究指出這段場景是虛構的。〈申命記〉的確是飄流曠
野時期安頓下來時寫出來的，目的是為了重建以色列，若不
將之視為政治上的大事，至少具有宗教上的重要性。這段引
文所描繪的情況回顧穿越曠野時一路上的混亂，並展望一個
嶄新的未來，對於寫下這節經文的當時具有指引道路的作用：
人們期待一個戰勝了充滿災禍的過去的新階段。被視為前時
期創建人物的摩西，這時成為重建的保證人。

　　這段陳述的重心在於以色列的神——耶和華是獨一的（4
節），並且警告他們不可崇拜別的（外邦的）神（14 節）。歸
向耶和華也就表示認同國家：歸向耶和華意指歸屬於以色列，
反之亦然。這一切在流亡之前是那麼理所當然，耶和華是以

色列這個國家的神（正如同其他民族有各自的國家之神）。然
而隨著國家的滅亡，這個毫無疑問的關係也就跟著結束了：
以色列不再是個政治統一體，以色列人民部分被流放，部分
則逃亡（尤其是逃往埃及），留在本地的人民受到外邦人占領
統治，外邦人也遷居到這塊土地上。

　　以色列人這時表示願意轉而服事別的神、敬拜那些戰勝
國家的神，或無論如何必須讓自己的神臣服於別神之下；這
一類在當時極為平常的反應，也意謂著以色列這個民族和宗
教的結束。但是有人重新思索：耶和華仍舊是以色列崇拜的
神，而且完全排除敬拜其他的神。現在，歸屬以色列不單是
政治上想當然爾的事，而是一個倫理上的依歸，並以對這位
神的宣告為前提。

　　由此形成一個嚴格社會劃分的過程，以色列把自己與其
他殘暴或是必須共同生活的民族區分出來；這個想法在〈申
命記〉當中有多重的變化（例如 7 章 1 節以下，當然是再度
虛構預見土地的占領）。單單敬拜耶和華以及嚴厲拒絕他神，
是認同新興倫理宗教團體的標誌，既符合神的獨一無二，又
符合以色列民族無與倫比的特性。

　　這個一神論的概念包括神與祂的子民之間一個完整的確
定關係；神並不是多樣貌的、會自行分解或產生變化，而是
唯一的。我們若想要正確的下判斷，就必須提及一些在以色
列四周多少與以色列人流亡有關的多神論（崇拜多位神祇）
原則。

多神論中的神首先按照地域劃分，依據地理元素區別的神：山川、河流，特定的樹木等都具有神的性質，受人崇拜；此外是在周遭中經驗到主宰生命的偉大力量，人們必須順服與妥協；操控四季氣候變化的自然力量也因此具有直接的神質。這些必須按照一定的秩序共同發揮作用，才能使人類生命成為可能，例如整年的炎熱和乾旱就可以將農業破壞殆盡。此外，文化上的成就也有神性，工匠技藝、音樂、法律賜給人類共同生活的架構。所有這一切力量必須互相協調一致，生活才會達到和古老東方一樣擁有高度繁榮的文化。因此，這些各有形態的力量組成一個神的團隊，藉著一位神國的統治者調和起來，正如同人類的國家由君王調和一樣。

流亡前的以色列在某種程度上也抱持多神論，在官方容許的程度之下，除了耶和華之外另有別神受到崇拜。這位耶和華自己的形態最為多變，在不同的聖地、以不同的形式被人崇拜，足以表現多神論的特徵。耶和華現身於地理、大自然、文化和歷史等的權勢之中；祂是與世界等量齊觀的神，與世界根本無異。世界多樣多貌，耶和華也是一樣。

與此相反的是求助於宣告神的統一，神是唯一，與多元面貌的世界極端對立，因此神也不是以類似世界的說法就可以掌握的。這個想法在與〈申命記〉幾乎同時期的「以賽亞二書」中（〈以賽亞書〉45–50章，作者是流亡時期一位無名的先知），很清楚的表達出來。舉例來說，〈以賽亞書〉45章7節確信，獨一的神不僅創造光亮，也製造黑暗，既賜福也

降禍，祂處在建構出人類生命和世界的兩極。於是流亡期間興起的猶太基督教一神論，把神與世界、神與人截然分開。

〈申命記〉6 章 4 節以下的經文以全然明確的方式來開展信仰，也就是把眼光放到一個歷史圖像上。耶和華直到如今統領並貫穿以色列民族的歷史，〈出埃及記〉就是這段歷史的基本資料，脫離了奴隸身分和附屬地位，建立以色列存在的基礎。此外也考慮到未來的面向，亦即在神賜予的生活空間裡以色列發展的可能性。

這裡要觀察另一個在信仰中占有更寬闊空間的元素：誡命。以色列人被要求個人完全歸向神，這具體表現在神的「話」當中，也就是時刻銘記神的誡命。這些經文與在手上或額頭上作「記號」的話一樣：原本是作為支派的標記，每個人都有所屬的支派，也就是確立直接的歸屬關係。以色列應該以同樣無法抹除的方式認同屬於耶和華，謹記和遵守誡命，即是證明。

這些誡命——律法亦同——並不把道德規範擺在第一位，而是作為生活在耶和華領域的表示。他們在這個世界劃定一個真正可行的生活空間，神與世界壁壘分明，「自然」誡律不適用於祂，自然形成的行為舉止也不適用，而是出於啟示且不被世界誤導的行為規範才符合。因此一神論、遵守誡命和律法（包含禮拜誡命）在後來的《舊約》和猶太教當中根本上是息息相關的。

猶太教中的這段經文是做禮拜時重要的一環，以希伯來

語唸出開頭的「聽啊以色列」(Schema Jisrael)，直到今日猶太人的晨禱和晚禱仍是如此。原本這與另一段《舊約》的重要經文——「十誡」相關，後來與別的經文組合在一起（〈申命記〉11 章 13–21 節；〈民數記〉15 章 37–41 節）。

猶太人運用這節經文的方式很奇特，也很典型，他們整理改編這些經文，將神的話「繫在手上為記號，戴在額上為經文」（8 節）。這原本是一種隱喻，具有比較的意義（參考上文）。然而猶太教將神的指示具體化，由此衍生出「禱告皮帶」，以皮帶固定在左臂和頭上的皮匣盒，其中有書寫在羊皮紙上的「律法書」（〈申命記〉6 章 8 節）。因此，語言形象的啟示再度轉化為眼目可見的行動，透過具體形象接收宗教信息，並且仔細思考。

基督宗教的內容就是猶太人信仰的宣告，如同〈申命記〉6 章 4 節以下所記載的，以不同的方式被吸收。保留的是神與一切反對神之間的嚴格區別，我們可以很粗淺地稱之為「創造思想」。《新約》中神的談話皆以這個一神論為前提。在猶太教領域中，人與全然不同的神唯有在律法之下是可溝通的（詳細說明參見本書頁 117–118），而基督宗教所談論的基督是具有人的形體，置身於無法合一的兩極中間。猶太教若因此認為律法開啟了實現生活的可能，那麼基督宗教關於耶穌生與死的記載，就是要為信徒開啟一個新生命的視野。

還有一點使得基督宗教與猶太教分道揚鑣，那就是《舊約》——猶太教的神與國家的概念密不可分：耶和華是以色

列的神，即使祂掌管全世界，祂對以色列仍然有其專屬的責任與義務。耶和華與祂的子民之間的關係主要體現在政治方面：以色列必須堅守作為神的子民，必須與鄰邦民族劃清界線，甚至不惜大動干戈；在戰爭中，若與神的關係良好，必得神助大獲全勝。民族性、占領土地、擊退異族都是與《舊約》神的形象密切相關的觀點，其中大多仍鮮活的保留在猶太歷史時期，並且流傳至今。

基督宗教歷經初期的動盪之後，就放棄認同以色列民族，神不僅是世界的主宰，更是賜予全世界啟示和救贖的神。這解釋了何以早期基督宗教的傳教熱情，直到今天仍受到重視的原因。

2. 耶穌死而復活

《新約》的宣教以《舊約》一神論的信仰為前提，其核心是信仰耶穌。

> 我當日所領受又傳給你們的：第一，就是基督照聖經所說，為我們的罪死了，而且埋葬了；又照聖經所說，第三天復活了，並且顯給磯法看，然後顯給十二使徒看。（〈哥林多前書〉15 章 3 節以下）

這個宣告出現在保羅的一封書信中，而這封書信關係到《新約》最早的部分。作為宣教士的保羅周遊許多地方，在

各地建立教會、講道和授課，並且試著解決教會組織方面的問題。在保羅的某些書信當中例如〈哥林多前書〉、〈後書〉探討教會面臨的問題和困難。保羅一手建立的哥林多教會，後來卻是各個團體派系爭論不休。爭論之一是，應該如何談論復活？因此保羅把他所知道的並繼續傳揚的無可爭議的信仰，寫進〈哥林多前書〉15 章中。緊接著這段引文之後，是一連串耶穌復活的見證者，結尾處的見證者是保羅自己。

耶穌是信仰的中心，稱為「基督」（「受膏者」，《舊約》中首先是對國王的尊稱，隨著時間的遞嬗轉而成為盼望中的末世救主）。當然這個宣告並沒有提及耶穌的生平和作用，耶穌的死亡才是重點。耶穌「為我們的罪死了」，這對屬於耶穌的教會深具意義，而這一切「照聖經所說」發生，與猶太典籍的宣告有關。接著是埋葬之後再度「照聖經所說」復活了，或是更為正確的說法：甦醒；這是神力的展現，讓耶穌現身於的昔日門徒面前，也顯現在外人面前（譬如保羅自己原本與教會對立）。

保羅的書信沒有一處敘述耶穌在俗世的生活和影響力，當然他多少知道一些事情，但這些對他而言並不具直接的神學重要性。直到稍後的「福音書」，作者蒐集關於耶穌生平與影響力的敘事題材，彙編成完整的介紹，這些介紹透過歷史興趣導入意義，整體表現出一個宣告。

從這「福音書」衍生出關於歷史事實方面的問題。耶穌來自加利利的拿撒勒，是約瑟和馬利的兒子。《新約》以各種

不同的描述一致提到耶穌從一開始就是介於神和人之間的特殊地位（他被描寫成《舊約》中耶和華與以色列之間的典型使者——大衛的後裔，〈馬太福音〉1 章 16 節；〈路加福音〉3 章 23 節；或是聖靈使童女受孕所生，〈路加福音〉1 章 26 節以下；最後也認為耶穌在降生之前是以屬天的形象與神同座，然後降世為人，〈約翰福音〉3 章 13 節；〈加拉太書〉4 章 4 節）。

關於耶穌誕生的日期只能約略推算得出，耶穌死於西元前 4 年希律王在位時，也與西元 6 年居里扭 (Quirinius) 擔任巡撫的任期有關；這些陳述彼此無關，直到約翰為他施洗（〈馬可福音〉1 章 9 節）的那一刻起才顯明耶穌的作用。約翰是一位勸人認罪悔改的傳道者；洗禮，也就是浸入約旦河中，意謂著跟隨他的人加入認罪悔改運動，並且為盼望即將到來的最後審判預做準備。

耶穌本身以教師的身分出現，只向前三位福音書作者表明真正的身分。耶穌講的主題是神的國，用比喻的方式講解，輔以神蹟奇事來說明（參見本書頁 31–36）。耶穌在所處的環境裡是老師，身邊圍繞著門徒，特別引人注目的是他也與那些不嚴格受律法約束、虔誠教徒眼中的「罪人」來往。這無疑地會與那些以特殊方式維護宗教傳統的團體產生衝突。

耶穌的影響力起初只限於加利利，當他來到耶路撒冷，因為與宗教和政治的統治權威爭辯而被判死刑，然後在某個星期五——逾越節第一天受害，當時正是西元 30 年。

　　耶穌受害後，他的門徒紛紛逃出耶路撒冷，不久一些昔日的門徒——根據我們的經文，首先是彼得（這裡稱呼他希伯來文的名字磯法），然後是優秀的「十二使徒」（也表示耶穌要求以色列十二支派）看到死而復活的景象。人們認為這是復活，因為耶穌並未死去，神賜予耶穌新生命，使他甦醒。

　　死而復活的想法在當時的猶太教廣為人所相信，源起於《舊約》後來的時期。以色列原本以為死亡是耶和華管轄之外的範疇，所以從飄流曠野開始就益發重視新的指引。從前人們以為神的統治與他們同在，現在轉變為一種盼望，這個盼望隨著時間加深，以致於人們期待死後也可以在神的國獲得新生。這意謂著死者在不久或遙遠的將來，都將甦醒重生。這個想法在《舊約》中出現過幾次不盡相同的記載。一是在〈詩篇〉73 篇 23 節以下，祈禱者經由死亡被引領到神那裡的感動；其次是在〈以賽亞書〉26 章 19 節的想法，就是要多方面與屬神的以色列保持聯繫：在不久的將來死去的人都會甦醒過來，高唱讚美神的詩歌。最後是在〈但以理書〉12 章 1 節以下預期一場末日的戲劇，其中所有的人都復活了，並在最後法庭中接受上天堂或下地獄的審判。

　　每一種想法都不一樣，但異中有同：復活表示神的國被眾人所承認。以死者的角度來詮釋，也就是神力使耶穌復活，並且認同耶穌。

　　耶穌的死亡與復活「照聖經所說」發生，意思是這兩件事的前因後果已為人所知曉，再根據《聖經》來詮釋這些前

因後果。義人在這個世界上受苦，受敵人的折磨，甚至受害，然後被神救贖，獲得新生（參考〈所羅門智慧書〉2–5），從這又衍生出下一個想法。耶穌就是公義，在他身上呈現出神的國，也就是說，處於一個福音並未全部啟示的世界，藉由信仰神來證明。

耶穌「為我們的罪」死而復活，這對於歸向耶穌的教會來說意義重大。這種說法反映在《舊約》的宗教裡，在調整神與人受到阻撓關係的經文之中。這個題旨對於後流亡時期攸關重要，當時的災禍徹底摧毀人們的生活，而神的國並未實現，神的理由是人們離棄神是有罪的，作了孽，沒有遵守誡命等等。於是禮拜，特別是獻祭功能就是調整這個受到破壞的關係；人們必須贖罪，直到盼望的神國終於來到，神與人之間的關係重新恢復到原先未被破壞的本質。

現在透過耶穌死而復活的宣告實現了這一點。跟隨耶穌的人，就在神與人之間良好的關係上有分，耶穌「為他的罪」而死，對他而言具有犧牲的功能（〈羅馬書〉3章25節中有很詳細說明），也就是說，耶穌是大祭司，真正全然獻身（〈希伯來書〉）；說法雖然有好幾種，卻都是在表達這個意思。

耶穌死而復活的說法顯然是原始基督宗教信仰教育的核心，從有人宣告這種情況的那一刻起，他就完全屬於教會；透過受洗將這記載下來，相當於與洗禮教導和洗禮事件有關的宣告。在一般禮拜範圍和神學省思中也都會運用和解釋這個宣告，其中有些保留在保羅書信，也就是神學宣傳小冊中。

3.古代教會的宣告

　　基督宗教的傳布十分迅速,並且發展出全然不同的教派,早在耶穌死後的第一個世代,已出現不同的教派,無論在福音、禮拜形式和生活方式都大相逕庭,彼此之間也產生衝突。使徒之間也有歧見,保羅和彼得兩位對重大問題的觀點並不一致(參見保羅在〈加拉太書〉1-2 章的敘述;再參照〈使徒行傳〉15 章中比較溫和的敘述)。

　　有兩個錯綜複雜的問題特別引起爭議: 一是猶太律法怎樣尚屬有效。早期教會中深具影響力的猶太基督徒公開表示,律法規章對於基督徒也有約束力(關於這個問題參見本書頁117-122)。然而這個難題不多久就迎刃而解了,因為受律法蒙蔽的猶太基督徒逐漸消失。

　　更為重要的爭議是另一個稱為「諾斯底教派」,一個興起於猶太教和基督宗教圈的宗教思潮,影響範圍也及於其他古代的宗教。諾斯底派的歷史在許多方面尚不清楚,許多經文直到晚近才為人所知,但我們還是可以從中梳理出這個宗教思潮的某些基本特徵:「諾斯底」(Gnosis) 意指「認識」,諾斯底教派信徒奠基在透過啟示而顯明的更深奧神秘知識; 認識存在於訓練、異端形式的教育,奠基在教派創建者受到的啟示。以社會的角度看來,諾斯底教派團體從宗教團體分離出來; 與母教脫離,意味者與世隔絕: 諾斯底教派信徒拒絕一切自然和文明的生活秩序;由此衍生出嚴苛的禁欲苦修行為,

他們也拒絕相信神創造萬物的說法，因為造物者在他們看來是魔鬼的樣式。他們信仰一個更高的神，賜予世界另一端光明的神；世界這一端的人類被黑暗籠罩，核心處才是光明，等待救贖。大多數的諾斯底教派信徒相信救世主；在他們當中的基督徒則以基督取代這個救世主的位置。但是這位基督與《新約》簡直完全無關，從光明世界來的祂不會變成真正的人，並未真正受苦受難，也沒有真正的死去，根本不會受到物質世界的感召，唯一的任務是呼召人類回歸天堂。

　　諾斯底教派思潮對於許多人是深具吸引力的，其雛形在《新約》中已有記載，但是教會表明反對這種發展的立場，這對當時以多元面貌存在的基督宗教而言並非簡單的事。於是採取各種抵制措施，包括嚴密的組織（參見本書頁 104-111）、確立基督徒的《聖經》（今日的猶太教會稱為《新約》）、建立儘量使基督信仰容易理解的語言表達。其中之一是所謂的〈使徒信經〉：

　　　　我信仰上帝，全能的父，創造天地的主。我信我主耶穌基督，上帝的獨生子；因聖靈感孕，由童貞女馬利亞所生，在本丟彼拉多手下受難，被釘於十字架，受死，埋葬；降在陰間；第三天從死人中復活；升天，坐在全能父上帝的右邊；將來必從那裡降臨，審判活人死人。

　　我信聖靈。我信聖而公之教會。我信聖徒相通。我信
罪得赦免。我信身體復活。我信永生。阿們。

　　從名稱〈使徒信經〉看來，這節經文應該回溯到使徒，
「使徒信經」要求信仰基督宗教就要先告白，事實卻不然。
自西元 2 世紀以來，在所有基督宗教的範圍試圖把基督福音
歸納成一篇完整的告白，其中兩篇信仰告白是這些表達方式
中最經得起考驗的：較長那篇稱為〈尼西亞信經〉，自西元 5
世紀以來廣為東、西方教會襲用；較短那篇稱為〈使徒信經〉，
先雛形源自羅馬，最後完稿是在西歐被發現的，成為使用最
為普遍的信仰告白。兩篇告白的結構分為三段：兩篇都談到
三位一體（聖父、聖子、聖靈）；古代教會神學史據此彙整成
結論，並以淺顯易懂的形式表現出來。

　　相對於《新約》必須以耶穌為中心，這裡則很清楚談到
神是造物主，這對當時不同的思潮而言有其必要，唯有如此，
才能把基督宗教塑造成普及全世界、以天國為主軸的宗教。
《舊約》中的世界是由彼端天國的神所創造，作為保護人類
的生活空間，這個說法因而更加被強化了。

　　我們進一步要處理的是確立復活的耶穌的角色與功能。
原始基督宗教的周遭世界早就給予耶穌頭銜與尊稱，並且試
著解說這個意思。重要的是「彌賽亞」（希伯來文「受膏者」）
或「基督」（希臘文翻譯）的頭銜，原本意指古以色列在加冕
典禮抹油膏的國王。隨著王國的淪喪，國王變成人們盼望中

的人物：如果未來神統治這個神國，也可賜予所揀選的國王新的王權。所以，耶穌被稱為「主」；這個頭銜特別視為耶穌復活的同在：做禮拜時能感受到這種當下的感覺，信徒沉浸在狂喜的經驗之中，唱著讚美詩來應和。

耶穌的形象由完全不同的經驗和印象塑造而成，他一方面與最初創造萬物的神同位格，與造物主這個字同義，象徵影響這個世界的智慧和生活原則。他活在人們特定的歷史記憶之中，釘死在十字架上尤其是高潮。再進一步，人們經驗到的耶穌擁有當下的力量，禮拜進行得正熱烈的時刻，能感受得到這股力量，並歌頌祂的力量。最後，人們期待祂在不久的將來作為世界法庭上關鍵的審判者或證人。

這些原本互不相關的脈絡，在教會初期被串連了起來之後，產生了耶穌的「歷史」，始於〈創世記〉，延伸至這個故事結束；信仰告白的第二段說的就是這個。

耶穌本身成為神在世界上的作為，這也說明了何以耶穌一方面是神，另一方面又具有人性。古老教會運用許多古東方宗教以及希臘哲學史中的說法與思想來解決這個問題：在世界另一端與人類遙遙相對的神，若與創造萬物毫無關係，那麼祂並非「絕對」偉大的。在世界歷史中祂讓自己顯示在一個人——拿撒勒的耶穌身上，這位耶穌是「真神與真人」，也就是說，祂的神性不用承擔他的人性本質，反之亦然，祂融合「兩種本性」於己身。

聖父與聖子之外，還有第三個表達一個原始基督宗教經

驗的範疇：聖靈，當中再次表達了各種經驗範疇。在《舊約》之後，早期猶太教就已經認識「智慧」的形象，是耶和華創造行為的總稱，能夠看透並預示世界，是透過啟示闡明之光。埃及的猶太團體（受到埃及思想影響）特別談論到這個智慧。智慧也與「道」──理性啟發的話同義。這個說法與耶穌福音結合：他的話產生了永恆創造，尤有甚者，他是道成肉身，這就是〈約翰福音〉著名的序言的主旨。

然而，還有另一個關於聖靈的經驗範疇，就是復活的主耶穌現身。這是早期教會一個令人心醉神迷的經驗（參見本書頁 51–57），這個經驗直接反映神的靈。不多久混亂的聖靈經驗就恢復秩序，保羅對此有清楚的指示。聖靈更多的與耶穌同在，就能開啟理性的通道和思想的貫通，而在這兩方面的經驗也能更加的共同成長。

其中產生關於聖靈的概念，就像古老教會的宣告所形成的：神不僅是顯現於世界另一端的造物主，並且曾經是出現於歷史當中的人物，擁有升天前、後的歷史；也體現在會眾們感性和理性交織的當下經驗中。

毫無疑問的這意謂著嚴謹一神論的局限，猶太教採用的人物在後來的伊斯蘭教中也出現。穆罕默德大概對基督宗教中三位一體的學說特別反感，雖然他並未提出相反的論調，但是使這個學說粗糙一些；儘管如此，他正確指出與神的經驗和與基督經驗的一個主要差別。基督宗教一方面十分強調神與世界、尤其是神與人之間的差異，一神論的宗教皆如此；

但另一方面又宣示神也是人，並顯現在信徒的宗教經驗當中。這裡顯示出神的錯綜複雜性，表現一股強烈的內在動力，也難怪基督宗教呈現一種多元的面貌。

三、傳道中開展宣告

宣告的基督福音語言形式十分簡練，雖然都是基於現實的動機（內部或外部對傳道的質疑）才產生出來的，但這些宣告超越了當前的情況而具有長久意義，甚至可說是具有永久的功效。

但是，傳道當然不只運用固定的表達形式，而是配合當時的情況與個人隨機應變。「佈道」是這類傳道的典型方式。

基督宗教的佈道不斷向回歸《聖經》，以確保基督的談話，於是便將流傳在《聖經》中的故事繼續發展下去。耶穌傳道是基督宗教傳道的歷史源頭，因此這在以下的討論中占重要部分。

1.耶穌傳道：比喻

又說：「神的國如同人把種撒在地上。黑夜睡覺，白日起來，這種就發芽漸長，那人卻不曉得如何這樣。地生五穀是出於自然的：先發苗，後長穗，再後穗上結成飽滿的子粒；穀既熟了，就用鐮刀去割，因為收成的時候到了。」

又說:「神的國,我們可用甚麼比較呢?可用什麼比喻表明呢?好像一粒芥菜種,種在地裡的時候,雖比地上的百種都小,但種上以後,就長起來,比各樣的菜都大,又長出大枝來,甚至天上的飛鳥可以宿在它的蔭下。」(〈馬可福音〉4章26–32節)

　　前三篇「福音書」關於耶穌作用的敘述讓我們清楚知道耶穌傳道時大量運用比喻;同一時期的猶太教也用這種談話方式來闡發神國的核心概念。

　　「神國」、「神的國度」、「天國」等這些語詞的意思無非在強調神是主,貫徹祂的統治,施行祂的生命秩序。正如同前面說明過的,這個事實具有爭議性,因為政治與宗教情勢與神國所期待的相互抵觸。因此在耶穌時代的猶太教就認為未來是由神掌管,但這並不存在於當下眼前。人類盼望神的國,勉為接受神不在眼前的事實,並堅持到最後所期望的轉折時刻到來,到那時,世界歷史的當下階段都將被新來到的取代。人類幾經嘗試,希望能預知歷史進程中這個根本轉變的時刻,於是產生了密碼,強調要求特殊的啟示,敘說將來的美妙,並指引一條通往那裡的道路(所謂的預示書;《聖經》中基督出現之前的〈但以理書〉,寫於西元前2世紀;約翰〈啟示錄〉)。

　　神的國對耶穌是很重要、甚或是最重要的課題;但耶穌對此卻未提出教導性的解釋,也沒有下定義,反倒是用比喻

和圖像來談論。比喻可以激勵聽眾，輔以圖像，再與經歷過和可能的事實作對照。所有的比喻都有一個公開的特色，也因此即使是《新約》本身、後來的教會史以及今日的科學解釋對於比喻有全然不同的詮釋，這並非是偶然的。

引用的比喻加上聽眾熟悉的圖像：播種與收穫屬於日常生活的一部分，還有種子很微小，卻可以長成碩大作物的事實，都容易取信於民眾。使用的圖像也有其他的宗教關聯：收割的景象有時作為末日的收成（比喻結尾的成熟穀子影射〈約珥書〉3 章 13 節），而樹木長得比其他一切植物高大，一直延伸到天上，其中具有一個神話的意涵——象徵宇宙世界之樹，《舊約》有時會運用這個圖像（例如〈以西結書〉17章 23 節）。這顯示出圖像可以喚起不同的聯想，一方面是日常生活的聯想，另一方面是聯想起印象深刻的宗教圖像語言。日常生活的經驗如同宗教流傳的經驗一樣都被廣泛運用，目的在使人們明白神的國。

這兩個比喻所講的故事很相似：一個是由小變大，另一個是從不起眼變成巨大顯眼的發展。連續與中斷的時刻都展開在眼前：種子會發芽長大，然後是收成，農夫不需要知道這個過程，只知道這是他的種子，而種子會成熟；芥菜子奇妙的長成一棵樹，就是這一小粒種子，最後卻變成一株大樹。這個經驗被用來讓人們瞭解神的國，目的是在不斷地告訴人們耶穌的作用已然現身，雖然隱而未顯，但能夠實現，並在眾人見證下產生功效。聽眾被邀請親自發現這一切，他將在

微小的和隱密的事物上注意到神的意志，人們因此變得剛強，
相信個人發展的機會以及美好的未來。

2.教會的比喻及比喻的解釋

耶穌又在海邊教訓人。有許多人到他那裡聚集，他只
得上船坐下。船在海裡，眾人都靠進海，站在岸上。
耶穌就用比喻教訓他們許多道理。在教訓之間，對他
們說:「你們聽啊! 有一個撒種的出去撒種。撒的時候，
有落在路旁的，飛鳥來吃盡了; 有落在土淺石頭地上
的，土既不深，發苗最快，日頭出來一曬，因為沒有
根，就枯乾了; 有落在荊棘裡的，荊棘長起來，把它
擠住了，就不結實; 又有落在好土裡的，就發生長大，
結實有三十倍的，有六十倍的，有一百倍的」; 又說:
「有耳可聽的，就應當聽!」

無人的時候，跟隨耶穌的人和十二個門徒問他這比喻
的意思。耶穌對他們說:「 神國的奧秘只叫你們知道，
若是對外人講，凡是就用比喻。叫他們看是看見，卻
不曉得; 聽是聽見，卻不明白; 恐怕他們回轉過來，
就得赦免。」

又對他們說:「你們不明白這比喻嗎? 這樣怎能明白一
切的比喻呢? 撒種之人所撒的就是道。那撒在路旁的，
就是人聽了道，撒但立刻來，把撒在他心裡的道奪了

去。那撒在石頭地上的，就是人聽了道，立刻歡喜領受，但他心裡沒有根，不過是暫時的，及至為道遭了患難，或是受了逼迫，立刻就跌倒了。還有那撒在荊棘裡的，就是人聽了道。後來有世上的思慮、錢財的迷惑，和別樣的私慾進來，把道擠住了，就不能結實。那撒在好地上的，就是人聽道，又領受，並且結實，有三十倍的，有六十倍的，有一百倍的。」（〈馬可福音〉4章1-20節）

　　將1-8節的比喻與上面說明過的兩個比喻相比，播種以及播種的背景聯想再度讓這個畫面鮮活起來。比喻的陳述內容再度根源於神國的有效性，雖然起初人們察覺不到，但絕對不應該忽視這當中的發展。

　　詳細的詮釋幫助我們理解這個比喻，詮釋時卻不把重心放在耶穌身上，而是探討在教會流傳的過程中出現哪些比喻，並且根據新情勢來重新詮釋。

　　在此以《新約》詮釋學的總論為前提：《新約》所記載耶穌的言行在今天的認知中應該屬實。關於耶穌的傳說極富創意，也就是重新表現耶穌的言行，這在古代（在所有古文化乃至近代西方世界）都再自然也不過。留在人們記憶中具有價值的傳說，並非保留過去重要的格言或事件，而是創造出符合當代精神的新解釋。所以人們試著在新環境中傳揚福音，加以修改、重新架構、補充或刪減這些流傳故事，並試圖在

改寫的過程中重新建構近代所提出的歷史問題（不限於《聖經》文學的範圍）。「福音書」表現出這些傳說的特殊階段，將前三篇「福音書」（所謂的「符類福音」）相互比較，我們可以清楚看到馬太和路加援用較早的馬可的經節加以修改，尤其是加以補充，再參考其他的資料來源。〈馬可福音〉記載的是複雜無比的傳說故事，釋經學家必須分辨何者是耶穌「真正的」的話（有些人認為某些特定準則之所以被接受，是因為人們以為那是出於耶穌的話），後來出現的教會教導和編纂修正，也都回歸「福音書」本身。這類的說法當然可信度並不高，歷史研究得出結論，這些傳說都是對照於某些題材之後才寫出來的！可以想像，每一個比喻都指涉耶穌，詮釋時加上別的文學特質，後來的一個解釋還是出自馬可之前文藝表現傑出的教會。

　　詮釋比喻時，要鑑別何者是需要正確聆聽與瞭解的——也就是所有耶穌接納的福音，以及何者是根本不願聽的。旁徵博引的講道，賦予神國這個傳統觀念新穎的面貌，使信徒一聽就能領悟，就變成了宗教團體所傳之教，傳播的正是新版的訊息，佈道是否有成效，端看用心與否。

　　解釋比喻要循序漸近：種子正是象徵《聖經》中基督傳道的話，種子有各種可能的發展，或是落入土中壞死或是結實纍纍，圖示出人們正面或負面對待福音的態度。早期教會傳教的經文——在此最好是說寓意而非比喻，圖示一種大家熟悉的事實情況，使之更為明顯、更加強化。

3.一個奇蹟

> 耶穌又離了泰爾的境界，經過西頓，就從低加波里境
> 內來到加利利海。有人帶著一個耳聾舌結的人來見耶
> 穌，求他按手在他身上。耶穌領他離開眾人，到一邊
> 去，就用指頭探他的耳朵，吐唾沫抹他的舌頭，望天
> 歎息，對他說：「以法大！」就是說：「開了吧！」他的
> 耳朵就開了，舌結也解了，說話也清楚了。耶穌囑咐
> 他們不要告訴人；但他越發囑咐，他們越發傳揚開了。
> 眾人分外希奇，說：「他所做的事都好，他連聾子也叫
> 他們聽見，啞巴也叫他們說話。」（〈馬可福音〉7 章 31-
> 37 節）

《新約》經文有一系列記載耶穌的神蹟奇事，最常敘述
的是關於治病，這以當時的時空背景來看，實在不足為奇。
《舊約》中也記載神的僕人超出尋常範圍的作為（例如以利
亞和以利沙兩位先知的奇事），在整個希臘化文化的生活圈也
有因施行奇事的影響力，因而受到宗教式崇拜的人物。某些
敘事的確有其歷史過程，人們完全相信耶穌可以治病（即使
失敗也可以接受，參考〈馬可福音〉6 章 5 節）。對《新約》
時期的聽眾來說，奇蹟的特別之處並不在於現實的日常生活
（這對他們來說太不稀奇），而是關於耶穌故事的神蹟奇事。
　　上文引用了一個既聾又啞的故事，與生俱有的殘疾特別

難治。治病的方法都會採用各種通行於民間的法術或魔術:
把手按在生病部位,而唾液通常具有特殊療效。這些故事元
素既非特別「原始」也不「古老」,只是每一個時代的醫病者
很普通的行為。

　　奇蹟往往很動人,不消多時就會傳揚開來;即使禁止談
論,消息深入週遭,也提高施行奇蹟的人的名聲。(〈馬可福
音〉中耶穌命令門徒不要傳揚,因為人們終其一生都很難對
死而復活的主耶穌有真正的理解,一不小心即會導致不解或
誤解。)

　　故事都有個典型的結局,那就是圍觀者表達出驚訝的反
應。耶穌能讓聾了的人聽見,啞了的人開口說話,與《舊約》
中所敘述的一致。根據〈以賽亞書〉35 章 5 節,末世來到時
這類殘疾都將消失,神的國開始與耶穌同在之後,這些殘疾
都得到醫治。耶穌施行奇事屬於印證神國的片段,因此又有
耶穌評論自己施行奇事的經文(參見〈路加福音〉11 章 20
節),這些奇蹟傳達的訊息與比喻一樣,同樣的,關於耶穌作
為與傳道的經文也在後來添加了許多色彩。

4.今日的傳教

　　〈馬可福音〉4 章 1–20 節和收錄在其他《新約》的經文
解釋保留一個基督傳道的基本原則。基督宗教的談話永遠以
《聖經》經文為依歸,這尤其是新教教派中做禮拜的重心。
下列提利克 (H. Thielicke) 的例子就出自對《新約》比喻的一

個解釋（《神的畫冊》，19593，頁58）。傳道時（以路加版本為準）——按照比喻的段落及其《新約》的說明。這裡要特別討論〈路加福音〉8章5、11節以下：「有一個撒種的出去撒種。撒的時候，有落在路旁的，被人踐踏，天上的飛鳥又來吃盡了。……這比喻乃是這樣：種子就是神的道。那些在路旁的，就是人聽了道，隨後魔鬼來，從他們心裡把道奪去，恐怕他們信了得救。」

讓我們自己把這個圖像弄清楚：這裡談到的道路，接收種子不是它的任務，而是讓人們走過去。這條道路既堅實也很平滑。

甚至有鋪上瀝青的路，同時也有鋪了瀝青的心。二者都很平滑，而且看起來很漂亮。人與人之間來往時，美麗的道路與心都很重要。馬路與街道有自己的名稱，如果誰要到那裡去的話，必須知道那條街叫什麼。有很多人是我們必須認識的，就像認識每一條馬路一樣，如果我們想去那裡的話；他們有關鍵性的作用，有影響力，除非透過他們，否則無法達到目的。一切是這麼井然有序。如果有人沒有收成，可不能怪罪馬路太硬了。恰恰相反！優點有的時候也可以是一種負擔。種子撒在很多人走過、踏得平滑的路面，很難發芽長大。

只有一條交通要塞的人，只有一條每小時都有人匆匆
走過、片刻不得安寧的街道的人，很難把永恆的種子
撒在其中，期待它會長大。馬不停蹄的人最危險。

不曉得每天至少抽出一刻鐘「耕耘」，也不犁田的人，
卻等待神放東西在他的犁溝裡，事實上他已經失去先
機了。世界上的富人和偉人，他們的名字天下皆知，
因為他們是「有路之人」，通常很窮苦。他們很容易想
到風險，而且是很大的風險，如果擁擠的交通不停下
來，就要軋到他們身上了。但是他們永遠比貧苦、耕
地上有車轍、車轍上有種子的窮人還要窮。

　　傳道者繼續運用比喻的圖像題材：「道路」和「耕地」形
成比較的重點，把當前日常規定的生活經驗導引出來。經驗
之一是勤奮而有生產力，卻沒有時間從事生產；經驗之二是
儘可能不喧嘩，不要太「坦白」（也指日後傳道的陳述內容不
要太多）。
　　傳道應該也透過闡述、比喻、圖像和故事使聽眾理解經
文，也就是聽眾不僅要理解，而且要轉化融入日常世界，更
確切地說，透過經文的日常世界使聽眾更加明白。傳道者兼
負兩個任務：他應該表達過去的經文，同時也要表達現在，
而這需要歷史的認識，以及對於現代多元面貌的情勢具有敏
銳的洞察力和想像力。從這點看來，傳道士往往被過度要求

也就不足為奇了。

四、宣告與傳教的省思

我們在《舊約》中已經清楚看到，在有爭議性的思想流傳過程中，省思的重要性日漸增加。譬如求告：原本是做禮拜時的談話形式，直接表達出人們可能失去生命的痛苦，並請求再賜福祉。在發展的過程中，求告逐漸轉變為一個思考的過程：人們思索災難的源頭，人類存在的條件根本就是災難，思索普遍的死亡命運，以及令人難以捉摸的歷史等等。其他的談話方式也包含求告:「傳說」彷彿是反省的歷史故事，《舊約》中關於整體歷史構想，包括一個深思熟慮的歷史理論和一個教育人類的教材（例如〈創世記〉1 章 1-2 節、4 節；9 章 8-17 節；第 17 章）。

宗教領域中的省思部分受到希臘化文化的影響而壯大，特別是埃及形成一派獨特的猶太宗教哲學，除了《舊約》的傳統之外，也特別受到埃及、特別是希臘文明的影響；大型猶太殖民地亞歷山大 (Alexandria) 是精神重鎮，這個學派的重要代表是斐倫 (Philo，正確的生卒年不可考，可以確定的是活躍在西元 1 世紀的前半葉)。

基督宗教從一開始就用省思的方式來傳揚福音,《新約》最早的文字——保羅書信已顯示這一切：保羅在書信中反覆提到，傳教、宣告以及詮釋這些並不簡單；這些信是寫給已

經存在的幾所教會，目的在強化其內部，花很多筆墨研究教
義，提出質疑，避免被人誤解，展現了他深思熟慮的一面。
此處要舉一個例子。

1. 保羅的神學

> 但如今，神的義在律法以外已經顯明出來，有律法和
> 先知為證：就是 神的義，因信耶穌基督加給一切相信
> 的人，並沒有分別。因為世人都犯了罪，虧缺了 神的
> 榮耀。如今卻蒙 神的恩典，因基督耶穌的救贖，就白
> 白地稱義。神設立耶穌作挽回祭，是憑著耶穌的血，
> 藉著人的信，要顯明 神的義。因為他用忍耐的心寬容
> 人先時所犯的罪。好在今時顯明他的義，使人知道他
> 自己為義，也稱信耶穌的人為義。既是這樣，哪裡能
> 誇口呢？沒有可誇的了。用何法沒有的呢？是用立功
> 之法嗎？不是，乃用信主之法。所以我們看定了：人
> 稱義是因著信，不在乎遵行律法。難道 神只作猶太人
> 的 神嗎？不也是作外邦人的 神嗎？是的，也作外邦
> 人的 神。神既是一位，他就要因信稱那受割禮的為
> 義，也要因信稱那未受割禮的為義。這樣，我們因信
> 廢了律法嗎？斷乎不是！更是堅固律法。（〈羅馬書〉
> 3 章 21–31 節）

〈羅馬書〉（約寫於西元 55 年）是保羅的書信，其中很

少處理現實的問題，那是因為保羅本身並不認識受文者，也不曾與對方共事過。他希望與羅馬帝國的中央教會保持聯繫，這顯然意義重大，隨著羅馬主教的影響力日漸增加，其重要性也更加清楚。保羅計畫造訪羅馬，並在信上依據自己的想法討論基督信仰的重點。

重點是標誌猶太教路線的猶太律法與基督福音之間的關係，而這仍舊是沒有解釋清楚的問題，因為猶太基督徒遵守律法，並在基督宗教中看到一種猶太生命的實踐，而這類人在教會中占多數。

這裡引用的幾節經文提到的外邦人，雖然沒有律法規定，卻很自然的也以神為中心、按照神的旨意生活，也願意適應這種生活秩序（1章18–31節）。然後談到猶太人以及使他們生活受益的律法，實際上不再被信守也被錯失了（2–3章20節）。無論是外邦人或猶太人皆沒有嚴格遵守神時而緘默、時而明確提及的聖潔生活。隨後第三段21–31節的「公義」是神賜予人類和世界的，透過信仰耶穌基督成為可能。這並非人類努力付出的表現，而是一種生命方式，並在理解基督福音中一切了然。

經文的思路條理分明是保羅書信的特色，〈羅馬書〉尤然。將主導的解說作為一種辯解，雖然很清楚區別猶太人和外邦人，但從基督傳教的角度看來這並無多大意義；於是以如此不同的方式讓人們察覺外邦人的神和猶太人的神的合一，並且再三強調；至於律法的效力，就被強調不能成為救贖之路。

　　毫無疑問的，這樣的神學具有菁英主義的色彩，唯有經過訓練的思想家才能跟上這樣的思考運作，對一般的教會信眾而言，保羅的辯解依舊很陌生。相較於保羅書信的「難解」，在《新約》中某種謹慎的保留為的是避免被無知者和猶疑者所誤解了（〈彼得後書〉3 章 15 節以下）。顯然在基督傳教之初就層級分明，有些致力於省思福音的專家，至於他們的作用我們必須再仔細探討。相對於此的是對福音的誤用，因為單純的教會弟兄無法接收縝密的思想，於是定期出現反神學的潮流，將縝密的思想過程加以簡化。

2.古老教會的神學辯論

　　基督宗教神學在最初一百年的發展中深受希臘哲學的影響。我們之前談論過的宣告與準則無異，都是幾經各種的神學辯論擬定而成；這些準則必須是主流意見的簡化，淺顯易懂，並在某種程度上與神學院的意見一致。個別的神學論述當然要比基本的宣告來得繁複，從下面的例子我們即可以知道西元 4、5 世紀時的神學表述是多麼複雜：

　　　　我們相信……一位主，他的兒子……，具有人的肉體，
　　　　但不是人，因為他不具有人的靈魂，只具有人的肉體，
　　　　神藉著這具形體如同透過帷幕出現在我們眼前。這不
　　　　是兩種本性，因為這個人不完全，神是他肉體中的靈
　　　　魂。就像一個綜合體，能感受痛苦。〔歐多克索斯 (Eu-

doxius v. Antiochien)，西元 4 世紀中葉〕

> 我們信仰的神……是全主和全人，由理智的靈魂和軀體組成……，擁有天父的神性，以及人性；這兩種本性在他身上合而為一。因此我們信仰基督、聖子、主。我們相信另一個與此相符的說法，聖潔的童女生下聖子，具有上帝及人的形體……（〈以弗所宗教會議準則〉，433；《教義史導讀》，1959[6]，頁 206、233；原文為希臘文）

歐多克索斯是君士坦丁堡的主教，在那個神學爭議四起的時代，是位舉足輕重的人物，他屬於後來變成少數派的亞利烏派 (Arianer)。以弗所的宗教會議屬於神學辯論的後期階段，這裡引用的表述都與後來發展的方向有關。

這兩段文字顯示出對於基督特質的不同描繪，前者認為基督並非人類，而是個既非神亦非人的混合體；後者的宣告則確切表示，基督既是真人也是真神，兩者本性合一，並未互相破壞，也並未彼此「混合」。在耶穌身上看到神與人的合一，這是透過傳統傳達出具有洞察力的解決之道；但是這個解決之道並不特別生動，對一般的非專家也無甚新意，都是值得深思的。

在剛開始的幾百年中，基督神學大量運用希臘文化圈的思想模式，大約有一千年之久，古典哲學以不同的型態和方

式發揮作用。直到人文主義、文藝復興和宗教改革的紀元，一方面哲學才擺脫神學獨立出來，走出自己的路；另方面神學也試著與哲學保持距離，於是又產生新的問題。從那個時候開始出現了不同的思考模式，神學與這些思想流派的關係各異，神學上的省思也因此變得更為多樣也更趨複雜。

3. 要求真理

真理的概念在宣揚基督宗教時攸關重要。回顧一下真理這個概念在《聖經》中的發展過程，顯示出基督談論真理的獨特性。《舊約》中真理與謊言勢不兩立：真理必須符合團體所認為的事實。誰的言行若符合真理，即是依照團體規範。因為神支持這個團體，並確保證團體的生活規範，真理於是自然也具有一個宗教核心價值。

然而，在《舊約》的發展過程中，對融合宗教和社會的規範提出質疑。政治上以色列並沒有通過考驗，反受外邦統治；內政方面則是絕對無法認同與耶和華有關的一切事務。所有這些在不同關聯性中提到的發展路線，對於真理概念（至少是宗教方面）有最終的結論：屬於耶和華的真理並不一定與政治或社會的效用一致，於是從中產生出一種與眼前的真實背道而馳的真理。

在這個脈絡中即可明白幾個著名的《新約》話語。耶穌在〈約翰福音〉中說：「我就是道路、真理、生命。」（〈約翰福音〉14 章 6 節）其中幾個世俗世界的概念受到一種宗教的

批評：真正的道路（意指邁向目的地的真正可能性）、根本的真理和真正的生命是由基督啟示所賜予；直接的經驗卻要面臨對立的真理的批判。

　　真理首先是一個語言上的問題，說話的內容可真可假。宗教上的真理也是語言上真理；尤其是我們日常所使用的語言，每一個字彙都有專屬的意思。基督教會就是用這種語言來傳教。

　　宣告和傳教時必須再一次考慮到真理的概念，基督宗教在過去和現在的傳教的範圍非常廣泛，運用傳說故事配合新的歷史情勢，並納入新的思考模式與想像視野。真理是否在這不斷擴張形塑的過程中被保存了下來？為了回答這個真理問題而形成的具批判和自我批判精神的基督宗教神學，在推動神學的發展上扮演特殊的角色，因此，神學批判的功能首要之務就是探尋真理。

　　天主教和新教決定真理問題的權威性不太一樣。兩種信仰都強調初期傳統教育的重要，也都集中精神解釋早先幾代基督徒所寫的文獻，並訂定成為「經典」，猶太教會的文獻也同樣被認為很神聖。天主教在教皇制度中特地設立教師職分，由教師來評斷繼續發展的傳統是否與原初的傳統相符；新教則並未設立這樣的機構，而是用「不正規」的方式，就是處理尚未成定論的文獻時，儘量符合原初的傳統精神來解釋真理問題。傳統於是在各種情形下被保存下了來，因為歷史不會靜靜的留在原地，而是將基督福音導入要求新詮釋的新生

活情境當中。

　　基督宗教要如何才能讓不斷重新表述的真理忠於原本？如何才能配合今日多變的政治和文化情勢，使福音的陳述和描繪雖有所不同，根本上表達的是同一個真理呢？這個問題想來永遠不會有答案，援用基督宗教的說法，真理既是恩賜也是任務。

第二章

團體與個人的信仰行為

所以，你們禱告要這樣說：我們在天上的父：
願人都尊你的名為聖。願你的國降臨；願你
的旨意行在地上，如同行在天上。我們日用
的飲食，今日賜給我們。免我們的債，如同
我們免了人的債。不叫我們遇見試探；救我
們脫離兇惡。因為國度、權柄、榮耀，全是
你的，直到永遠。阿們。

〈馬太福音〉6 章 9–13 節

　　首先，宗教是群體活動：在共同經歷的禮拜中傳揚了宗教福音，這在某種程度上屬於宗教行為最內在的範疇，是我們在此要加以描述的。然而我們也可以狹義地觀察在禮拜以外的宗教行為，這在家庭裡、政治圈（至少在基督宗教一直是國家宗教的時期），以及職場生活等都有跡可尋（在基督宗教是民族宗教且福音普及於不同文化圈的範圍），當然也在個人全部的生活當中。這樣的區別對大多數宗教而言是深具意義的：一方面宗教表現在一個相對脫離日常生活的時空（指神聖領域），適用特別的行為方式、說話形式和語調；另一方面宗教也超出這個領域而對其餘的文化領域產生影響。也就是宗教詮釋這些領域，並統合成為一個整體，調和各種不同的價值和規範，形成人們總稱的「世界」。因此這一章要舉例闡述宗教的特殊領域，下一章則要從文化的非神聖領域來觀察基督宗教入世的作用。

一、狂喜與控制

　　我們對於早期基督教會的生活所知不多，只知道一方面有許多改信基督宗教的猶太人繼續關注猶太禮拜，並遵守流傳下來的形式。此外也有一些教派團體，包括猶太基督徒以及外邦基督徒，發展出嶄新的禮拜形式，想必十分豐富而多采。

　　狂喜的元素在這些教會扮演一個關鍵的角色。聖靈降臨

節的故事最為人所知的一幕（〈使徒行傳〉2 章），讓人回憶起一個具有強烈風格的過去現象。至少可以確定的是，第一所教會透過「說方言」——一種超越語言界限的溝通，非常具有特色；此外，也常提到鼓舞人心的「先知」〈使徒行傳〉21 章 10 節中一位名為亞迦布的先知）。

一樁令人印象深刻的真實事件就發生在這樣的一所教會裡，即使欠缺完整全面的圖像，我們仍然可以透過保羅寫給哥林多教會的書信，一窺使徒面對弊病時彼此之間激烈爭辯的景象。

你們要追求愛，也要切慕屬靈的恩賜，其中更要羨慕的，是作先知講道。那說方言的，原不是對人說，乃是對 神說，因為沒有人聽出來，然而他在心靈裡卻是講說各樣的奧秘。但作先知講道的，是對人說，要造就、安慰、勸勉人。說方言的，是造就自己；作先知講道的，乃是造就教會。我願意你們都說方言，更願意你們作先知講道；因為說方言的，若不翻出來，使教會被造就，那作先知講道的，就比他強了。

弟兄們，我到你們那裡去，若只說方言，不用啟示，或知識，或預言，或教訓，給你們講解，我與你們有甚麼益處呢？就是那有聲無氣的物，或簫，或琴，若發出來的聲音沒有分別，怎能知道所吹所彈的是甚麼

呢？若吹無定的號聲，誰能預備打仗呢？你們也是如此。舌頭若不說容易明白的話，怎能知道所說的是甚麼呢？這就是向空說話了。世上的聲音，或者甚多，卻沒有一樣是無意思的。我若不明白那聲音的意思，這說話的人必以我為化外之人，我也以他為化外之人。你們也是如此，既是切慕屬靈的恩賜，就當求多得造就教會的恩賜。（〈哥林多前書〉14 章 1–12 節）

關於這段經文的歷史背景可參見本書頁 15–31。引起哥林多教會爭議的焦點是關於出現在禮拜中聖靈能力的評斷。

這段經文列舉不同的「恩賜」（靈恩）：「方言」、「作先知講道」以及「翻釋」。方言顯然是發生在教會禮拜時處於狂喜狀態下的一種表達方式：被聖靈感動者發出無法直接理解的聲音，一般的感官意識和理性控制也降低；狂喜經驗具有感染的特質，全體會眾往往在團體互動過程中容易陷入這樣的情境。人們將這種經驗直接歸乎聖靈：興奮莫名的人所說出來的話，並不出自他個人的意思，而是出自與至高的主等同的聖靈在他裡面作工。這樣解釋狂喜狀態並非基督宗教所獨有，類似情形也存在於其他文化之中。

這時的保羅對說方言的現象保持批判的距離，雖然他並不阻止人說「方言」：這是一種恩賜，當然只涉及狂喜者本人，而且是無法言喻的；唯有加以「翻譯」，方言才會有造就教會團體的特性（13 節）；屬靈經驗也必須訴諸理智的運作，用

清楚明白的語言翻譯出來。這種翻譯程序似乎非屬必要的規定，也因此保羅寧捨「方言」，比較願意「作先知講道」。儘管這個講道顯然並不是人類的產物，而是受到聖靈的作用；卻是可以理解的，也就是透過意識來建構以及理智來控制。「作先知講道」十分符合我們所說的「佈道」。

我們從這節經文可以臆測，在哥林多教會裡，方言，亦即聖靈不受限制的表達,比控制形式的講道獲得更高的評價。保羅扭轉了這個價值觀：對他來說，理性控制的溝通表達比無法表達的狂喜更有價值。其實保羅本身絕對不是沒有過狂喜經驗，在與哥林多教會人士的衝突中，這些人顯然針對這一點輕視保羅，保羅於是舉證說明，有一次他自己進入了第三層天的境界（〈哥林多後書〉12 章 1 節以下）。但是他並未將這次的經驗作為傳教的基礎，因為這屬於他個人極珍貴的一部分，然而就傳揚啟示這方面卻是無關緊要的事實。

從〈哥林多前書〉14 章的上下文我們可以清楚知道，保羅如何看代各個恩賜之間的關係：不僅是禮拜儀式中因方言出現的狂喜現象、作先知講道以及翻譯，而是進一步與基督徒日常生活所從事的活動，例如門徒、教師、行神蹟奇事的和醫病的工作息息相關，並且互相影響。經由這樣的方式，個人擁有各自的能力範圍。而其中的關鍵是愛，唯有愛才會尊重另一個人發展的可能性（〈哥林多前書〉13 章；按照原先經文的分法是 14 章，亦即章節次序是 12–14–13 章）。

這裡所觀察的經文將禮拜中的語言部分呈現在眼前，這

是因為之前（第 1 章中）探討的是確立福音內容的主要特徵，其中顯示出如何經歷、表述，以及繼續傳揚福音的方式。

於是各式各樣的福音紛紛出現了，並透過兩個極端的觀點來決定：一是記載受感動信徒興奮的情感，唯有理性控制消失、無法用語言來整理這些經歷時才可以採取這樣的措施，因此極端情況呈現出來的是一種不能分享的宗教經驗；如當事人「說方言」、「心醉神迷」等等。另一種趨勢是將這些沒有組織的經驗整理起來，透過理性導向正軌，並用語言來克服，藉以開啟一種最有可能的溝通方式。顯然這兩派觀點在早期基督教會中經常相互對立，保羅便用論證來介入這些衝突。在最初的一百年，思想的整理、控制和訂立規範的發展明顯增多；大約到了第 2 世紀，禮拜的功能仍只有透過專責的有職分者才可以決定，所有的程序都有規定，再也沒有自發性、狂喜以及聖靈自由影響的容身之處。若說這是強大教會組織的教育成果也無可厚非。

觀看教會歷史的發展過程，往往可以發現這兩派對立運動的存在。人們所經驗到的感受是如此強烈，以致於威脅到理性控制，這也表現在中世紀的神秘主義當中。神秘主義者埃克哈特 (Eckhart) 就多方面描述他個人超越平日界限的經驗。

想真正領會這一切的人，就要疏遠良善、真理，以及容許在思想和名稱中仍能區分幻覺或魅影的人。並在

多元和多樣中單單相信一個，其中一切的規定和特性
消失。而這個唯一使我們有福了。〔布特納（H. Büt-
tner），《埃克哈特的文字與講道》，1912²，II，頁 83〕）

埃克哈特（Meister Eckhart，約 1260-1328）是道明會修
士，致力於學術研究、對教區信徒作心靈訪談，也參與教會
行政工作。他在德國和巴黎都頗有影響力，對中世紀晚期敬
虔主義有重大的影響。

這位神秘主義者從自己的經歷出發，認為凡是源自基督
宗教的區別，包括善與惡、真實與虛假的歧異，甚至人與神
之間的分別，都應該予以拋棄。他呼籲大家拋卻理性控制的
方式，也就是計畫性的放下思想，直到經歷與神的合一。對
此埃克哈特反覆運用的方法是早期教會經歷到的方言。

對於負責控制宗教經驗和福音的官方教會來說，這樣的
形象自然是無法掌握的；結果使得埃克哈特受到教會的制裁。
其他神秘主義者也遭到類似的命運。隨著時間的發展，神秘
主義者的作用後來再度被接納，並納入控制式的傳教範圍內。

宗教改革運動對天主教教會發動一連串攻擊，這裡談到
的緊張對立並不在於宗教改革者的深層動機，事實上是某些
擁有個人經驗與認識的人開始反對教會團體，這是宗教現實
上個人自發與集體控制之間很典型的兩極衝突。發人深省的
是，宗教改革並非是一場單一性質的運動，而是立即引發了
一連串持續性的運動（有細微差異的洗禮，「改革左派」）。於

是宗教改革運動中最具生命力的教會擴展迅速，個人經驗與教會控制形成對立；個人的宗教責任（普修士主義）與普遍結合真理的主旨之間的緊張關係成為新教的特色。

二、 晚餐

1. 聖餐

用餐是為了服務宗教福音。備餐和進餐禮儀具有文化意涵，藉以訓練價值、規範、禮節和行為方式。（即使今日看來「餐桌禮節」並沒有附加價值，但是相對於早先輕鬆的餐桌禮儀，它的表達價值正在於輕鬆用餐）。所以，特別規範的用餐時間與宗教形象的塑造產生關聯，如古代的獻祭餐，把肉獻給神，再讓人食用。於是獻祭餐描繪出一種介於神與人之間的餐會團契（在古代以色列及其鄰邦文化，直到希臘和羅馬一帶皆是如此）。

用餐在猶太教中隨著不同的關聯具有特別的宗教意義。《舊約》中已有針對飲食潔淨與否的用餐規定，有些用餐時間特別重要，譬如安息日餐對嚴守律法的猶太人來說其實就等同於禮拜儀式等大事（這在耶穌時代如何並不清楚）；但是這晚餐——逾越節筵席——對於基督宗教卻特別重要，為的是要讓大家記念「出埃及」這件事，這在家庭儀式規定的用餐慶祝中十分重要，主要是享用逾越節羊羔，以及祝謝過的

餅和酒。

　　愛筵餐會對於耶穌時代已經存在數十年之久的異端——昆蘭的艾

閱讀指引
·
〈出埃及記〉12 章

賽尼教派有崇高的意義，由於考古的發現，我們得以知悉詳細的情形。這個教派拒絕耶路撒冷正式的禮拜，其特徵是嚴守律法，熱切盼望神國儘快來到。人們認為在善（人本身為代表）與惡力量的抗爭中，神必定在這場宇宙之爭中獲得勝利。昆蘭人的用餐儀式有嚴格的規定，由神父主持，在食用之前賜福。唯有正式會員才可以參加餐會。在盼望即將到來的末世中，這個餐會團契應該在彌賽亞的主持下繼續下去。在即將來到的神之國度裡，全團體在一場筵席中達到高潮，這就是中世紀後期信徒所盼望的（〈以賽亞書 25 章 6 節以下〉）。

2.《新約》的晚餐

　　基督宗教的晚餐要回溯到耶穌與門徒的聚會筵席，就我們見到的，所有基督教會團體都保存對耶穌生命中關鍵的最後晚餐的紀念。信徒們定期地重覆這一餐，已成為基督宗教福音的基本元素。

　　歷史上關於最後晚餐的起源其實並不明確，譬如「符類福音書」作者（馬太、馬可、路加）都認為事關逾越節筵席，但約翰卻考慮到最後晚餐發生在逾越節前一天。由於把逾越節的意義以不同的方式融入最後晚餐，因此對於事件的解釋

便有不同。清楚的是，最後晚餐原本是一頓平日的晚餐，譬如〈哥林多前書〉11 章 17 節以下所載哥林多教會的情形：每個人各自帶著食物來參加愛筵，但顯然是富人先到，先行用餐，稍晚才到的窮人已沒有豐盛的食物，愛筵既非全體會眾享用也無法使眾人飽足，自然沒有完全發揮作用，這便是保羅強烈抗議的動機。

　　關於最後晚餐，從一開始就關係著詮釋發生過程的文字，〈約翰福音〉中唯獨一次提到最後晚餐，但沒有多加解釋。這些解釋在各種不同的流傳形式中產生某些變化，以下我們要詳細觀察〈路加福音〉這節經文：

> 時候到了，耶穌坐席，使徒也和他同坐。耶穌對他們說：「我很願意在受害以先和你們吃這逾越節的筵席。我告訴你們，我不再吃這筵席，直到成就在　神的國裡。」耶穌接過杯來，祝謝了，說：「你們拿這個，大家分著喝。我告訴你們，從今以後，我不再喝這葡萄汁，直等　神的國來到。」又拿起餅來，祝謝了，就擘開，遞給他們，說：「這是我的身體，為你們捨的。你們也應當如此行，為的是記念我。」飯後也照樣拿起杯來，說：「這杯是用我血所立的新約，是為你們流出來的。」（〈路加福音〉22 章 14–20 節）

　　這是流傳在《新約》中所有關於最後晚餐儀式的標記，

關於酒杯和餅的祝謝，與解釋當時情境的說明互相配合。路加版本引人注意之處在於以這樣話語流傳下來的並非兩個，而是三個；這或許可溯及一個非常古老的傳說，其中的解釋語尚未完全固定；其他的見證當中只有兩種解釋語，從其中的表述顯示出兩者日趨平行的發展（可比較年輕的馬太和年長的馬可）。

第一個祝謝酒杯的用詞，把眼光放在神的國度（18 節），當日門徒的筵席與末日的筵席相對應，而且兩餐時間顯然互有關聯。我們現在慶祝的最後晚餐，把應該發生的情節剔除了：實現神的國，開展明確的生命。美味的筵席可以滿足身體的需要，這是在耶穌的作用和宣教之外所彰顯出來的。

第二個解釋語與祝謝餅有關：擘開、遞給別人。遞給別人的過程應該是重點：耶穌將自己捨了（阿拉米語強調的「我的身體」指的就是「我自己」），他不僅繼續傳揚福音，也運用他的能力在其他醫病的事工上；透過捨了自己，將他的生命交給這個團體。

第三個解釋語在「用餐後」才具有重要性。清楚的是這個解釋語要在筵席的框架內才有一席之地。這個說明完全符合逾越節儀式，不同的用餐階段結合了關於酒和餅的祝謝語。酒杯意指「新約」，這也暗示了《舊約》事件：神在西奈山的現身被視為「訂約」，是神與以色列相互的協議和義務。早在《舊約》時代，當人類犯錯破壞了與神的關係，希望藉此重新修復與神的關係（〈耶利米書〉31 章 31 節以下），這時人

們便考慮到一個「新約」。在最後晚餐中遞出去的酒杯，表示這個新約的實現；而「用我血」才有效，毫無疑問是指透過耶穌的死亡，新約才能發生效力。

顯而易見，三個解釋語所指涉的方向並不一致，以猶太人的筵席風俗來看，一開始的三句話指涉的方向才是一致的，也許這就是沒有流傳下來的原因。然而，所有關於最後晚餐的流傳版本保留的元素是：最後晚餐是在神國範圍之下預先認識到人與神的團體。另外兩個解釋語更加強調筵席事件是指涉了耶穌的命運：分酒和擘餅給共同用餐的生活團體，直接表達出耶穌把自己交給門徒，獻出生命。「最後晚餐」一詞顯然是透過耶穌死亡的經歷才創造出來的。最後晚餐表示耶穌與門徒的聚會筵席一直繼續下去，而伴隨的文字解釋則意指著耶穌的死去。

在最後晚餐中並未直接以文字，而是用情節來傳揚福音，聚會用餐的過程之中，耶穌的一生歷歷可見。無論最後晚餐的版本為何，情節不可能脫離文字單獨存在，一定都有一段儀式上規定的談話部分。但是詮釋最後晚餐時不必只局限於解釋過程的語言層面，而也應該將行為的層面納入考慮。

3.天主教的彌撒

最早期的基督宗教不久即分裂為領受聖餐和不領受聖餐兩派。保羅建議會眾先在家中吃飽，使禮拜的愛筵免除這個功能（〈哥林多前書〉11 章 21 節以下）。顯然當時的宗教團

體和生活團體已趨向掩飾不將一般的飽足納入宗教福音中。聖餐逐漸失去了日常用餐的特色，而成為全然脫離一種日常生活實踐的禮拜儀式。有關係的是專責的有職分者所扮演的角色，因為唯有他們才有資格來舉辦筵席慶典。古老教會到最後所發展出來的彌撒，其特色還保存在今日天主教的聖餐禮之中。聖餐禮的形象自然不斷改變，尤其是梵諦岡第二屆宗教會議又為彌撒注入新的動力。雖然如此，還是有幾項特色一直沿襲至今。我們觀察其進行的過程，把重心放在幾個要件上；非天主教徒至少應該參加一次彌撒，以體會這項儀式的豐富多采。

　　神聖儀式在一個特別劃分的場所裡舉行：祭壇是舉行彌撒時不可或缺的，唯有把自己獻給神的神父才能主持彌撒，所有過程都有一定的規定，鮮少變化。神父和輔佐各司其職，穿著特別服飾：源自古代的長袍，從服裝樣式和其他儀式要素中透露出古代禮拜的影響力。

　　神父特別之處在於敬拜和禱告的行為，這是從上一次宗教會議之後就已改變的。從前的祭壇一定設立在教堂後端，神父彷彿脫離會眾獨自慶祝，現在神父則站在全體會眾看得到儀式進行的位置。儀式的高潮是領聖餅——一個小而圓的無酵餅（與一般餅不同），以及領受攙了水的聖酒（回歸古典的風俗）。典禮舉行之前，神父要先洗手，這是一個淨化過程，屬於宗教儀式的一部分。聖餐由神父一人領受：喝下酒，吃下餅；其餘分給參加彌撒的教徒。

如果瞭解彌撒基本思想是如何產生於伴隨儀式的經文，就會明白整個儀式的架構有三層特殊的含義：首先，《新約》對最後晚餐儀式的解釋語賦予餅和酒的元素新的特質，說：「這是我的身體」，餅化入基督的身體；說：「這杯是用我血所立的新約——信仰的秘密，是為你們流出來的，以寬恕罪孽」，酒化成了基督的血。

每個時期的天主教神學關於這個轉變是如何產生的，都有不同的說法，每次都借助當時主要的哲學思想範疇，也因此並不受到重視。參加彌撒的信徒主觀上認為，這反映了一個餅和酒的元素，傳達出與耶穌的身體和血結合的事件。

其次是耶穌的同在具有完全物體與肉體的特性。前面談論到根據基督宗教的觀點，基督在語言的層面與他的傳教完全同在，這個同在也應該具有不同的層面。餅和酒當然不會因此消失，餅仍然是餅，酒是酒；但同時卻代表基督完整的身體和血（也就是整個人）。

彌撒的第三個中心思想是獻祭。《新約》有多處把耶穌之死寫成贖罪祭，是完全且徹底的犧牲；其功能在於完全且徹底修復神與人之間被破壞的關係。這是對於耶穌死而復活經驗的一種詮釋，也是自古以來為人所熟知的獻祭事件。這個詮釋現在轉化到彌撒上：過去所完成的救贖，在禮拜儀式中繼續實現，也就是在某種程度上重新說出來、具體化，並讓大家能夠感同身受。之前唯一一次和現在重覆進行的儀式當然不同（從「帶血的」和「不帶血的」獻祭可見一斑）。於是

每個奠基於過去歷史的宗教，皆必須以這種方式來解決問題：賦予過去的歷史以當代的特質，並轉化到當代。我們再度從不同層面觀察這個變化：一是宣教時的語言層面，二是重覆獻祭這個行為的層面。

這裡所描寫的彌撒，重點在把它放入一個更寬廣的儀式架構內。入口處可以看到神父和使徒針對彌撒和禱告的各項準備，為的是要讓彌撒進行得順利。尤其是用不同的語言方式認罪，必確定自己獲得寬恕。舉行彌撒之前，除了導引的〈詩篇〉禱告之外，原則上會有這些部分（出現在彌撒中為大家熟悉的音樂部分）：〈求主憐憫文〉（重覆唸九遍求主憐憫求、主基督憐憫），神父高舉雙手誦唸〈榮耀歸主頌〉，然後是兩段朗讀（一段出自使徒書，一段出自福音書），朗讀之後可以接上一段佈講。於是，彌撒前的重點被凸顯出來：用語言傳講福音有一定的分量，一方面講述《聖經》的經文，另一方面援用《聖經》經文導入當時情況（參閱本書第一章）。彌撒前的結尾與〈尼西亞信經〉的信仰表白有關，相對於前面提到的〈使徒信經〉，它的篇幅較長，文章架構一樣，是一篇古老教會的表白。

彌撒儀式的重心是獻祭，也就是前面提到最後晚餐的淨化奉獻與獻祭（神聖化）的過程。此時要演奏著名的〈聖哉經〉、〈和散那〉、〈有福經〉，在解釋語之後，緊接著是朗讀主禱文和〈羔羊贊〉。神父先領受基督的身體和血，受聖餐者才領受聖餅。結束的過程相當簡短。

天主教利用一種古典形式把基督教的講道穿插在彌撒中，結合福音的語言和行為表現成為一種固定的形式；行為表現部分所佔的分量比較重，至少教會信徒是這麼評價的。相對的禮拜中的行為形式（非教徒喜歡把它貶為「外在」形式，或者表面形式）也很重要。福音因此並非是肉體領受，並且是深植於信徒心中。

4.新教的聖餐

宗教改革時代兩位德語區的主要代表人物——馬丁・路德（Martin Luther）和慈運理 (Ulrich Zwingli) 針對聖餐的爭議滔滔雄辯，導致 1529 年這兩個改革路線的決裂。從天主教的立場看來，慈運理對聖餐的詮釋過於激進，認為領受聖餐只有一個符號功能，首先是將一開始的話:「這是我的身體」，理解成:「這表示我的身體」。聖餐反映出另一個層次，亦即反映基督的層次，讓人們在靈裡領受。這個靈首先透過話語來表達，強調聖靈和屬靈者與貶抑外物結合；然後，宗教儀式的表現在某種程度上是所有表現方式中「最外表的」，並沒有獨特的功能。近代對宗教的理解已趨向於理所當然（宗教的「內在」），這在慈運理的觀點中已看出蛛絲馬跡。領受聖餐的儀式是教會信仰的表達，在同樣的程度上可以支持個人的信仰。領聖餐的儀式最後產生了變化: 次數銳減（宗教改革的傳統平均一年舉行四次），而且形式上有很大的改變。慈運理嘗試保留《聖經》中領聖餐的樣式，希望能還原其風貌；

教會歷史上的確出現過一種全新、獨創的聖餐形式。宗教改革派在許多地方揚棄《聖經》的樣貌（原本就在他們的計畫之中），在積極傳教的同時，賦予基督福音新穎的說法和形式。

　　領受聖餐的程序產生一些變化，禮拜形式也隨著改變：遠離圖像，取消詩歌和音樂，僅保留語言作為宣教唯一的媒介。若說這是一種窄化或集中化也未嘗不可，至於結果如何則有待深思。

　　路德構想的禮拜以及關於行為的意涵遠不及慈運理這般激進，他採取一個貼近天主教的立場：他認為基督真正的同在才是重點。當然，路德已針對實物聖禮設限，對他來說，聖禮必須是一個「看得見的話」（verbum visible）。語言是傳揚基督福音的媒介，必須要舉行的領聖餐儀式則爭議頗多。因此我們不難理解，何以聖餐在近代的新教教派中逐漸喪失地位。

三、洗禮以及教會伴隨的生命循環

1.《新約》環境中類似洗禮的儀式

　　在水中洗滌，亦即浸入水中，在許多文化裡都不僅是日常生活的清洗一事，同時也是宗教象徵體系的元素之一。宗教的潔淨和過渡儀式要透過淨身來表示。水對於人而言始終含義深遠，既聖潔又危險。

　　耶穌身處的那個時代，洗身在昆蘭一地艾賽尼猶太教派是相當重要的，但規矩不一。艾賽尼人在用餐之前和如廁之後都要洗滌，昆蘭遺址上挖掘出浴場，使得這個說法更加清晰。沐浴應該結合內在程序以達到轉向神、思索神的律法的目的，如此一來就可以贖罪，也就是洗去罪孽，消除神與人之間的距離。洗身是艾賽尼人日常生活中理所當然的規律。

　　關於基督宗教的洗禮我們可以直接援用約翰施洗的事蹟，約翰是耶穌時代一位勸人悔改的傳教士和先知，等待著世界末日的來臨，並呼籲猶太人改變信仰，歸入神的國。希望歸向神的人浸入在約旦河裡，藉此拋棄過去的觀念和行為方式，從此展開新的生活，遵照神的統治，特別意指以律法為準繩的生活。這種洗禮具有獨一無二的特色，洗禮在某種程度上使個人直到如今的世界產生大轉折，受洗者浸入水中，已經歷到末世的艱難，然後轉到接受將來審判的生活。約翰施洗也就是表示證明過渡到猶太教會，並參與新的創造。

> **閱讀指引**
> ●
> 〈馬太福音〉3章
> 1–12節

　　古代的神祕教派團體採納被視為是私人宗教需求的儀式。古時候的人用一種很特別的方法來面對死亡問題，因為個人依存的社會與政治領域已無法使團體中個人受到的保護，亦即生命終將結束，這個純屬個人私密的命運困擾著他。回歸原始崇拜形式的神祕教派關於死亡領域的指示，是引領人進入一個經驗領域，去承受當下會消逝的生命，與神靈交

會，傳達不朽的經歷。神祕教派的揭示也表示接納某人加入
一個儀式團體，具有社會的意義。某些情形顯示入會者也必
須沐浴，正足以說明前面提及洗禮的象徵意涵。

2.《新約》的洗禮

　　根據「福音書」的記載，耶穌是猶太人，由施洗約翰為
他施洗；和這件事同樣清楚的，是耶穌並非自己施洗。耶穌
處在施洗約翰為他施洗的事件當中，對於他獨特作用的理解
是不同的，根據耶穌的福音，神的國已片段式的同在。

　　復活的耶穌把洗禮納入所謂的「傳教命令」，從這點看來，
基督宗教的洗禮及其相關程序顯然與復活經驗有關：確信耶
穌的復活以及基督教會的建立導致這樣的行為。似乎洗禮（聖
餐亦同）在所有基督教會中是普遍適用的。同樣的，洗禮過
程的解釋，亦即伴隨洗禮行為的解釋語的差異性也很大。

　　　十一個門徒往加利利去，到了耶穌約定的山上。他們
　　　見了耶穌就拜他，然而還有人疑惑。耶穌進前來，對
　　　他們說：「天上地下所有的權柄都賜給我了。所以，你
　　　們要去，使萬民作我的門徒，奉父、子、聖靈的名給
　　　他們施洗。凡我所吩咐你們的，都教訓他們遵守，我
　　　就常與你們同在，直到世界的末了。」（〈馬太福音〉28
　　　章 16–20 節）

馬可與〈馬太福音〉中所言相同，門徒在耶穌受害後都
逃出了耶路撒冷，這當然很符合歷史中留下的記憶：門徒被
驅離，「福音書」非常懷疑耶穌最親近的門徒（至少是男門徒）
的忠誠度。但這時馬太記載耶穌的出現（比較〈哥林多前書〉
15 章所記載的）。馬太版本的特殊之處是關於洗禮和傳教命
令。

有一則耶穌關於自己的說法：他擁有一切的「權柄」，支
配範圍包括政治、社會以及真實世界的日常生活，在天國也
一樣（人們在猶太教以及其他古代宗教中都有不同的想像）。
由此衍生了傳教命令，要讓基督的國確實可見，遍布全世界
的傳教活動是要讓人們相信，這個世界是由至高的主統治的。
所有的民族都應該追隨耶穌，而洗禮最足以表現這一點：一
來洗禮使基督統治的範圍更加清晰，洗禮所在之處也就是統
治的範圍所在；二來洗禮當然也涵蓋社會意義：接受洗禮的
人同時也踏入基督團體聯盟，一同參加禮拜，尤其是領聖餐。
這對於直到如今的社會根源造成嚴重的後果。屬於基督團體，
就不再參加傳統的地方崇拜活動，因而在某種程度上與原本
的聯繫產生疏離。這種情形不無危險，有時甚至會造成生命
危險，以致於洗禮轉變成對統治者的崇拜，清楚表明要像效
忠國家一樣效忠宗教聖人；違抗崇拜的人，將在特定時刻被
判死刑。

洗禮也是奉聖父、聖子、聖靈之名進行，這裡提到的這
三位，在三位一體的關係中密不可分（參見本書頁 28-31），

這是單單關於基督經驗三個基本的面相：神是偉大的，我們從猶太歷史早已得知；「聖子」是一個體現神的歷史人物；聖靈在當下讓人記起神的兒子甦醒，被送往神的身邊。

關於洗禮有一個教義，誰想要加入某個教會，就得先接受教導。古老教會開始逐漸將教導時間機制化，於是出現了一批尚未受洗、嚮往基督宗教、願意接受教導、以受洗為努力目標的慕道友。他們還不可以領聖餐，他們的告白正如本書第一章二之 1 所描寫的，屬於教會生活的方式。洗禮也就等於教導階段的結束。

原始基督宗教的傳教思想並非如同經文所記載的那麼理所當然。也許是因為一些猶太基督徒團體並未發展傳教的活動，傳教的對象也只限於那些仍然遵守猶太律法的猶太人。可以確信的是，早期教會已經開始傳教了。由此出現了分裂，當時的猶太教記載了這一點，一方面（尤其是在受希臘化文化強烈影響的範圍）向外發揮高度的影響力（猶太教中有很多人並不完全支持猶太教義，他們不接受割禮，也不遵守禮拜律法，只遵循猶太教的理想與習俗價值）；另一方面卻又拒絕一切外來的東西。傳教的基督宗教在保羅身上實現了（猶太教中的他則完全相反）。馬太屬於一個視傳教為理所當然的基督宗教團體，這種理所當然的態度持續了數百年之久：直到新時代以降，基督宗教要普及全世界的主張被大家無異議接受，直到進入啟蒙時代以後才出現爭議。

這樣，怎麼說呢？我們可以仍在罪中、要恩典顯多嗎？
斷乎不可！我們在罪上死了的人豈可仍在罪中活著呢？
豈不知我們這受洗歸入基督耶穌的人是受洗歸入他的
死嗎？所以我們藉著洗禮歸入死，和他一同埋葬，原
是叫我們一舉一動有新生的樣式，像基督藉著父的榮
耀從死裡復活一樣。我們若在他死的形狀上與他聯合，
也要在他復活的形狀上與他聯合；因為知道我們的舊
人和他同釘十字架，使罪身滅絕，叫我們不再作罪的
奴僕；因為已死的人是脫離了罪。我們若是與基督同
死，就信必與他同活。因為知道基督既從死裡復活，
就不再死，死也不再作他的主了。他死是向罪死了，
只有一次：他活是向　神活著。這樣，你們向罪也當看
自己是死的。向　神在基督耶穌裡，卻當看自己是活的。
（〈羅馬書〉6 章 1–11 節）

　　保羅運用他的收信人的受洗經驗作為神學的辯證。因此
從這段經文脈絡，可以得到更多關於洗禮儀節的訊息。很明
顯的，保羅並未解釋何以要舉行洗禮，他認為這理所當然，
不需要任何理由，也不必對受文者解釋一番。基本上，這個
洗禮的經驗表示「浸於耶穌之死」，意思是：受洗者在某種程
度上已死了一次，藉此對耶穌的命運感同身受。當然，這個
經驗在整個過程之中，某種程度上表達了這個意思：被浸到
水中的人，多少經歷了一番死亡的危險，並且承受死亡。他

因此擺脫了過去的生命，進入一種新的存在境界。保羅又表示：這個與神同在的新生要到未來才會完全實現，信徒還沒有「與基督」一起復活；目前他活在「基督之中」。換句話說，現在他活在復活者的權力範圍內，以及聖靈影響的領域之中，作為將來生活的指引。在這場欣喜若狂、扭曲真實的表演之中，保羅想要表達基督已經復活了，而人類生存的條件也不存在了（參見頁 26-30 諾斯底教派的觀點）。相反的，保羅強調人所犯的罪孽，而基督的新指引可以消除這個罪孽（相關的論點參見頁 84-89）。

　　我們可以把洗禮與進入神祕派的崇拜儀式（「接納儀式」）作一個比較，二者的社會意義是：都表示進入一個具有獨特信仰系統的宗教團體，另一方面則為入會者開啟新生活的大門；拋棄舊有的，交付死亡。至於如何具體實現新的生活，每一個崇拜團體都有所不同。

　　在早期基督教會時代只有成人接受洗禮：基督徒尚未自成一個族群，屬於某個教會還不是一件自然而然的事情。想加入教會者必須自行去上教導課，經由洗禮加入教會。

　　直到基督宗教成為主流宗教時，這些都有了改變，從此展開了形鑄基督教文化的工作。洗禮變成一般民眾生活中再自然也不過的事，隨著時間的發展又增加了兒童受洗的項目。西元 4 世紀羅馬帝國基督教化的趨勢（所謂的君士坦丁歸正），是關鍵的推力。

　　現在的洗禮從宗教的觀點來看具有另外一個特色，也就

是等於成人禮。大部分的宗教並不把生物學上的誕生視為成
為人的足夠條件，一個人還需要深植心中的禮儀教化，於是
有新生兒（並不一定是剛出生之時）受洗的儀事。基督宗教
的洗禮意思是：嬰兒受洗時才擁有自己的名字，獲得神的恩
典（所以在情況危急時，即使沒有牧師在場，也可以讓嬰兒
受洗）。這也意味著關於基督教信仰的教導，全面參加禮拜活
動，尤其是領聖餐還沒有像洗禮一樣普及。

　　有很長一段時間，兒童與成人的洗禮一起舉行，直到後
來兒童洗禮有了自己的形式為止；至此，基督宗教終於成為
民族宗教，除了成為基督徒之外，似乎很難想像還有其他人
類存在的方式。在近代這個對教會團體和洗禮的理解兩者之
間又脫鉤，重新提出要求廢除兒童洗禮。

3.其他生命循環的伴隨

　　上一段談到基督宗教成為民族宗教的過程中，發展出一
連串教會活動，陪伴著人類生命典型的轉折事件。洗禮的另
一個作用是實現人類「文化上的誕生」；由此是第一個成長的
開始，所以是很關鍵的一刻。

　　之所以有這一刻，主要是看個人不同的社會身分。第一
個這樣的時刻是在誕生之後，從小孩過渡到成人的生活；第
二個是進入婚姻；第三個是死亡。多數的宗教都與其社會秩
序緊密相連，用「過渡儀式」（經常使用法文 "rite de passage"）
來標誌這些特殊時刻。這些儀式從一種社會身分過渡到另一

種社會身分的清楚表示和減輕負擔。突然改變身分當然不容易。因此「更換角色的人」通常要脫離他現在所處的環境，並經歷許多事情，「死亡」恰巧象徵這些經歷，因為當他回顧直到現在脈絡清晰的社會生活，轉而踏進一個不確定的階段時，宗教信仰可以讓他倚靠，重新引領他以新的身分進入新生活。

　　基督宗教認為，應該用慶賀的方式來進入轉變的過渡期；於是傳教時就用語言和行動表現這些過程。

　　因此人一出生就接受洗禮，這表示從此加入教會和團體的組織，而這種行為必須承擔責任的。在羅馬天主教會舉行的堅信禮，有塗抹膏油的儀式，與洗禮區別；現在，由主教為長大了的孩子塗抹膏油。新教的堅信禮也有類似的地位價值，傳統上要先上基本基督宗教的信仰概念課程（溫習教義問答手冊，內容為宣告、倫理與敬虔實踐）。新教的堅信禮中有領聖餐這個項目，藉此成為教會的一分子，同時確定他已從年幼的過去轉變到成年：得到成人服飾（男孩收到的是長褲），從此以後可以飲酒等等。

　　在過去幾十年之中，這樣的過渡逐漸產生爭議。一方面是在今日的西歐已不太接受這個過渡階段，反倒是日趨成型的青少年文化更能表現從兒童逐步轉變到成人的過渡階段；另一方面是人們日漸質疑堅信禮的宗教動機。

　　轉變最多的是結婚典禮。教堂婚禮長久以來等同於政治團體的法律行為（現今在一些天主教國家譬如西班牙仍然如

此)。但是，民法方面的事件原則上已經與教會行為脫鉤。然而宗教儀式仍舊相當重要，教會對婚姻的規範與價值相當明確，也為一般人所認同。在教堂舉行婚禮有喚醒人們婚姻價值的作用，新人公開自己，在眾人面前舉行典禮，被接納成為一對新婚夫婦。

現在，連這個領域也出現問題。自從民法與教會的過渡儀式彼此不相干之後，教會的價值也開始被人質疑，一來離婚已是社會上稀鬆平常之事，二來人們不再像從前一樣，全盤接受宗教的觀點。這從在教堂結婚的人數日益減少，就可以看出實際情況；而以前的人理所當然在教堂舉行婚禮，今天有很多新人即使也隸屬於某教會，卻不願意舉行教堂婚禮，甚至也不依照民法辦結婚手續。

最後，死亡變成教堂行為最主要的儀式，宗教葬禮有兩個意義：一是為死者排除過渡到新生的障礙，而與教會中的生者脫離關係，進入新境界。一是讓失去死者的團體堅強起來，強化團體的生命能力。天主教為生病的人塗抹膏油（最後膏抹禮）來為死亡作準備，病人藉此面對即將來臨的死亡，為將發生的危險鍛練自己。

教堂葬禮在鄉下地方特別具有公開的意義，有時葬禮上社會和宗教的意義互為對照：一方面是讓人回憶這個已然結束的生命(因此也有時失真地推崇這個生命)，領悟這個損失；另一方面則以基督傳教的死亡觀點來看，尊崇死者唯有如此才有榮幸接近上帝。

在西歐的基督宗教、尤其是近代的新教教派中也有一個最新的發展，宗教伴隨的生命節奏正在退化：宗教變得益發私人化，其規範與價值愈來愈失去公共效力；但是教會活動與生命歷程緊密相連，而且深深蟄根於社會。我們將在第 5 章進一步討論其中所衍生的種種問題。

四、禱告

1.《新約》的禱告

耶穌時代猶太教的禱告生活十分規律，延續《舊約》禮拜儀式的談話形式：每日三禱，晨禱、晚禱時要宣告「聽啊！以色列」（參見本書頁 15–21），以及其他定時的禱告。除了朗讀經文之外，這些禱告建立猶太禮拜的核心架構，並在一開始與神殿禮拜同時存在，後來在神殿被毀之後就完全脫離了。除了定規的禱告之外，也有因時因地的隨意禱告：猶太人一天當中至少要這樣禱告一次。

承襲猶太教遺產的《新約》教會，也沿用猶太人的禱告語言和習俗，其中最明顯的是用阿拉米和希伯來語說：「阿們」。當領讀祈禱文的時候，會眾以「阿們」作為結束語，大致可翻譯成「是的，的確」，這種應和是表示同意領讀者。其他風格形式也顯示出猶太教與基督宗教祈禱之間的一脈相承。

　　但是，許多基督教會卻無意承襲定規的禱告秩序，本章第一節已說明狂喜經驗的地位價值。發音不清、未經人類理性運作而說出的「方言」，人們的確很難分辨究竟是以神之名對人講道，還是解釋為對於人祈禱的回應為佳。保羅思索這情況，認為人們不曉得當怎樣禱告，所以聖靈「用說不出的歎息，替我們禱告」（〈羅馬書〉8 章 26 節）。這樣的禱告顯然就是超出理性的範圍之外與神的對話。而保羅正是將這個經驗在解釋上予以設限：

> 我要用靈禱告,也要用悟性禱告……不然你用靈祝謝,那麼在座不通方言的人，既然不明白你的話，怎能在你感謝的時候說「阿們」呢?（〈哥林多前書〉14 章 15-16 節）。

　　可以看得出來，基督宗教的禱告在《新約》時代就已經很普遍了：起先的用語是固定的，與禮拜程序和日常生活的宗教節奏一致；也有視情況而定的談話，運用當時的事件導入宗教的脈絡中；祈禱的範圍最後擴展為與「談話」幾無差異，而狂喜經驗反倒具有宗教意涵。

　　所以你們禱告要這樣說：
　　我們在天上的父，
　　願人都尊你的名為聖。

　　願你的國降臨；

　　願你的旨意行在地上，如同行在天上。

　　我們日用的飲食，今日賜給我們。

　　免我們的債，

　　如同我們免了人的債。

　　不叫我們遇見試探；救我們脫離兇惡。(〈馬太福音〉

　　6 章 9-13 節；比較〈路加福音〉11 章 2-4 節)

　　基督宗教的禱告最廣為流傳的要回歸到耶穌個人的禱告。《新約》中有兩則記載，屬於〈馬太福音〉和〈路加福音〉共同的經文，這些經文追溯到較早關於耶穌生平題材的失傳文獻（比較本書頁 34-36），值得注意的是，馬太登山寶訓的主禱文是介乎施捨與禁食的指示，與獨特的宗教行為有關（比較「伊斯蘭之柱」類似的題旨並列，從第二至第五處同樣提到禱告、施捨和禁食）。相較於馬太的脈絡鬆散，路加則相反，在主禱文之後提出兩個禱告蒙垂聽的比喻。

　　禱告的開場白是這樣的：神被稱作「聖父」，馬太補充道：「在天上之父」。古代東方稱神為聖父乃司空見慣：聖父是權威和看顧的總稱，此外也代表繁殖與生殖力，這與其他許多神祕學說有關。這也許是為什麼《舊約》把崇拜繁殖力的習俗一概排除在外，並且鮮少稱神為「聖父」的原因。

　　耶穌似乎也鮮少使用「聖父」的稱呼，然而這種稱呼不久即產生重大意義，就是作為禱告時的呼喊。保羅假定在說

希臘語的教會裡，人們用阿拉米語來呼喚上帝：「阿爸
(Abba)」（〈加拉太書〉4 章 6 節）。引人注目的是，這裡所說
日常生活的稱呼在猶太人生活環境中卻不具絲毫宗教色彩。
這顯然是約定俗成的基督宗教禱告的開場白，與當時猶太教
的神沒有太大差異：人們可以用他習慣的方式直接與神對話。
親近神也就表示接納耶穌福音。

　　若與當時的禱告作比較，會發覺主禱文的個別祈禱毫無
原創性，這些祈禱具有猶太人的環境背景，而這也是基督宗
教的發源所在。前三個祈禱同屬一類：當時神的仇敵勢力龐
大，人們不尊敬神的權威，也不貫徹神訂定的生活秩序。基
督宗教的禱告從一開始就不期待當時世界的樣貌在短時間內
就會消亡，「神的國」在最初和斷簡殘篇之中已經清楚可見，
一定可以通過祈禱來實現，於是神的旨意貫徹一切的現實領
域──包括表相的和隱秘的（「地上與天上」）。

　　關於每日祈求得到豐盛的食物有一個新的觀點。即使在
早期基督宗教盼望得到食物也不是最重要的。但是時間一久，
人們雖然懷想著接近神，但仍視為是在約定期限內被充滿。

　　最後的祈禱與過犯和罪孽有關，祈禱者若違背神的權能，
就表示他脫離屬於神的生命秩序，他為此祈求解救寬恕他的
過犯，最後他祈禱在未來的日子裡神保守他免於犯罪。過犯
是基督宗教中的一個基本議題（參照本書頁 83-84「罪孽與
過犯」）。

　　很久以前禱告就與〈三一頌〉一致，也就是回應式讚美

神。在儀式上需要一位領讀主禱文的人，會眾再以〈三一頌〉
和阿們作為結束。這些我們熟悉的結束用語並非是〈馬太福
音〉最基本的經文，而是在後來改寫的版本中。

主禱文是禮拜儀式的一部分，同時也成為私人敬虔的實
踐。西元 2 世紀時教會明文規定每天要以主禱文禱告三次，
這裡應該是指以猶太人每日三禱的風俗為依據的私人祈禱
（每週禁食兩次的規定也是如此），稍晚，禱告才變成一件公
開進行事。禱告在基督宗教界一直保存到今天，只不過主禱
文的地位在不同的信仰中略有不同。

精神文明史上出現的變革當然也使得「主禱文」的層次
產生一些變化，尤其是在宇宙的架構中盼望一種直接的改變，
就世界重新創造的意義來說，「神的國」遙不可及。反對這個
論調的人認為神制定的生活秩序在現今的世界不可能被實
踐，基本上只是被陳列出來而已；但這個生活秩序應該是可
以經驗的；於是信徒陷入一個與神的旨意對立的現實當中，
就這方面來說,時時隨著具體情況更新主禱文是有其必要的。

2.教會詩歌的禱告

禱告在整個教會歷史中有三種面貌：形式固定的禱告，
這在禮拜儀式最重要，也運用在其他地方的儀式禱告（前面
已經以主禱文為例加以闡釋）；其次是針對某個具體情況，不
拘形式的禱告(屬於個人的私領域，當然在禮拜時也可如此)；
最後是配上音樂的禱告，在某些情況下幾乎與儀式禱告難以

分別，而這作為教會的這種詩歌在新教教派中擁有很高的地位價值。

耶穌走在
人生路途的前方，
我們不願耽擱，
忠心跟隨你；
牽我們的手
進入聖父的國度。

若我們應當受苦，
讓我們堅強
即便在最困苦的日子裡
絕不抱怨負荷沉重；
因為唯有經受此間的痛苦
才能到你那兒
自己的痛苦感動
我們的心靈，
為外人承擔苦惱，
喔 如此讓我倆忍耐；
指引我們的眼目
望向終點。

調整我們的腳步，

耶穌，終生之久。

引領我們走過荒涼路，

也賜給我們必要的照料；

奔走之後為我們

打開你的門。

這是敬虔主義最重要的代表人物之一——親善道夫爵士
(Nikolaus Ludwig von Zinzendorf, 1700–1760) 所寫的歌詞。敬
虔運動很重視個人的救贖經驗，也就是基督宗教所傳布的解
脫。所以信仰基督宗教時個人的靈魂會被仔細觀察，而且被
描寫出來。一種符合救贖經歷的生活風格和日常實踐，以及
將不信仰基督宗教者加以隔離的生活習慣，對直到現在仍然
是新教中重要流派的敬虔主義來說也一樣重要。這篇文章不
是用唸的，而是要唱出來（參照 EKG 274，《瑞士教會詩歌》
320）。

禱告以耶穌為中心，追隨耶穌；親密真摯的聲音表示出
禱告者與所祈求的之間的關係，每一節都以望向路的盡頭作
為結束：望向天國，在那裡這世界所有的困頓都會得到圓滿
的解釋。世俗的生活是一種考驗，其中充滿了各種艱險，要
時時保有通往神國的指引。

這篇文章表達出基督宗教的多元面貌：世界被評斷為負
面的居多，人們應該儘量少與世界有所接觸，以便發展每個
人的生命之路。這樣有可能導向與世隔絕的生活，但這不是

絕對必要的；於是敬虔主義就十分活躍，試著在世界上留下
他們生活形式的印記，以改變這個世界。禱告時所祈求的，
即是與此相符的能力。

　　教會詩歌在新教教派當中並不僅是歌曲，而是沒有音樂
伴奏的重要經文，一直到最近以來在課堂上都要熟記這些歌
詞，這些《聖經》經文和教義問答手冊結合基本宗教知識，
讓每個人可以運用。至少當旋律可以打動人心時。配上音樂
的經文提升了人們情感的廣度。

五、罪孽與過犯

1. 宗教史領域中《聖經》所理解的過犯

　　每個宗教傳達規範和價值，並賦予每個人在社會中的一
席之地，誰能履行自身的任務，即可相對應地認為他的生命
充滿意義，並且擁有自我價值感。當然，在實際的生命實踐
中往往會不斷地產生問題，因為宗教的規範——價值體系既
不清楚非常，本身也並非毫無矛盾地可以完全適合每個人；
此外，也不是人人皆願意接受宗教所賦予的地位。再加上每
個人定期性地或多或少錯失規定，使得他無論客觀和主觀上
（有時僅是單方面因素）皆帶著過犯，也正由於帶著過犯，
以致於似乎減低身為人的價值。在每個宗教中皆發展出一套
克服這種「正常異狀」的運作模式；簡要觀照古以色列人的

談話形式,是在訴苦和應許的過程中將排除在社會之外者(包括犯錯的隔離者),重新融入社會（參見本書頁 11–12）。

　　關於過犯的議題往往因為各種價值和規範體系的分歧,以及彼此間的競爭而更加複雜,《舊約》後期以及之後的猶太教即是一例。神的秩序和世界的無秩序無法相容,現在是由摧毀生命、陌生命運和神的仇敵掌權,遵行律法的虔誠猶太人雖然與統治這個「世界」的權勢站在完全對立的立場,卻也無法徹底擺脫這個世界的糾纏和影響。於是人類的本質是罪孽的念頭便時常盤據於腦海,這種處境比早期所知的經驗更加困頓,因此每個人往往必須從這個空間脫離出來。若人們在過犯和罪孽的生命中仍然可以接受即將來到的神的掌管,那麼這個根本問題就可以從各種不同的方式得到回答,在回應所有猶太人的問題中,如何面對律法當然扮演一個重要的角色。

2.《新約》和原始基督教中的過犯和赦免

　　這樣,怎麼說呢?我們仍可以在罪中、叫恩典顯多嗎?斷乎不可!我們在罪上死了的人啟可仍在罪中活著呢?啟不知我們這受洗歸入基督耶穌的人是受洗歸入他的死嗎? 所以,我們藉著洗禮歸入死,和他一同埋葬,原是叫我們一舉一動有新生的樣式,像基督藉著父的榮耀從死裡復活一樣。我們若在他死的形狀上與他聯合,也要在他復活的形狀上與他聯合; 因為我們的舊

人和他同釘十字架，使罪身滅絕，叫我們不再作罪的
奴僕；因為已死的人是脫離了罪。我們若是與基督同
死，就信必與他同活。因為知道基督既從死裡復活，
就不再死，死也不再作他的主了。他死是向罪死了，
只有一次；他活是向 神活著。這樣，你們向罪也當看
自己是死的；向 神在基督耶穌裡，卻當看自己是活的。
（〈羅馬書〉6 章 1–11 節）

　　這節經文包含許多簡短概述的關聯性，其中主要討論的，
對保羅而言是思索福音的灌輸，對於已將耶穌基督視為福音
的羅馬人而言，應該再次在論證上更加確定清晰（參見本書
頁 41–44）。保羅首先探究的是如何證明所有人類，包括猶太
人和外邦人的墮落。猶太人在律法中面對明確的神的意志，
卻是破壞律法，顯示透過律法是不可能實現神所預定的生命
的，人類在律法之下不可能成長。即使外邦人在本質上也信
任神的意志，但是卻無法達到神所意願的生命秩序。儘管猶
太人的生命秩序已載明於律法中，猶太人和外邦人都有可能
會錯失自己的生命。保羅反思猶太教和異教當中充滿過犯的
存在，將幾乎與公義同義的生命盡力呈現在眼前：這是經由
福音所開啟，並在相信中實現；亦即生命的接納首要的不是
人類的運作和生產，而是許諾和贈送。亞伯拉罕被稱為《舊
約》的典型人物（〈羅馬書〉4 章）：他是「公義的」，沒有三
心二意，由於他的相信、單純接受神賜福生命的這個事實，

使過犯的生命得著釋放。人類被過犯綑綁的存在反映在亞伯拉罕這個人物身上，與基督遭遇是體現對應於神的生命（〈羅馬書〉5 章）：因此「亞當」和「基督」是人類生命的兩個指標人物，一個是充滿罪孽的錯失，一個是幸運的贏家。

「過犯」不是簡單的對於別人道德上的缺失，而是被錯誤的準則所導引的生活。遵行律法意謂著，至少如同保羅解釋的，是可以實現個人的生命計畫，並且以公義對待自己和他人。這個範疇對自己是良善的，對於人類也正是絕對必要的。然而，根據人類的經驗，以這樣的方式實現自是不可行的，以致於無法達成目標，人類的存在因此充滿罪惡。遵行耶穌則相反的是棄絕個人自我實現的目標，以公義對待他人和自己，因為耶穌親身實踐，使得這種棄絕成為可能。耶穌對此具有卸下重擔的功能，從耶穌而來的結果是罪的赦免，由此產生了可能雖不完全但卻是充滿的生命。

由遵行律法轉向遵行耶穌的標記是受洗。受洗也意謂著罪的赦免以及其他種種，這是在原始基督宗教很普遍也很理所當然的觀念。此外，人們一定對於受洗這事並未有深刻體會和融會貫通，如同保羅所表明的，有些地方透過受洗使罪得赦免，藉此將直到如今在道德上和宗教上所犯的一切過錯一筆勾銷。

也因此隨著時間的發展出現一個問題，人們經驗到即使是受洗的基督徒也一再讓過犯發生，犯下抵觸人類共同生活的基本規則，或隨時代形成的基督宗教倫理和道德規範。這

樣的事件要如何處理呢？這時罪人是否喪失了受洗的恩典？
或是人們應該透過制定的懺悔程序重新接納他融入教會？早
期的天主教教會採用第二個方式，從中演變出懺悔機制，關
於這點我們將會再談到。

　　過犯、赦免和懺悔是不同層次的問題，保羅經文首先是
從個人的層次論及過犯和赦免，緊接著考慮的是團體面對這
問題的態度：教會如何對待教會弟兄充滿過犯的行為？這個
難題在下面的經文有進一步的闡述。

　　　　倘若你的弟兄得罪你，你就去，趁著只有他和你在一
　　　　處的時候，指出他的錯來。他若聽你，你便得了你的
　　　　弟兄；他若不聽，你就另外帶一兩個人同去，要憑兩
　　　　三個人的口作見證，句句都可定準。若是不聽他們，
　　　　就告訴教會；若是不聽教會，就看他像外邦人和稅吏
　　　　一樣。我實在告訴你們，凡你們在地上所捆綁的，在
　　　　天上也要捆綁；凡你們在地上所釋放的，在天上也要
　　　　釋放。（〈馬太福音〉18 章 15–18 節）

　　在此表露出教會必須反應教會弟兄犯錯的觀點，出現在
〈馬太福音〉當中的這段文字探討的是教會內在和外在結構
的根本問題。顯然馬太將他的題材以這樣的方式編排，處理
一部分在〈馬可福音〉中獨自提出來的建議。從〈馬太福音〉
16 章 13 節到 20 章 28 節探討的是耶穌和教會、門徒，教會

弟兄彼此之間的關係，以及對於俗世的態度。此外很明顯的
是作者也探討當時的教會生活，處理傳統關於調整行為的題
材，作為聯合教會建立起來的基督宗教的觀點，因而受到重
視。

　　至於「得罪的弟兄」（19 章 15 節），罪孽和過犯被視為
是從外在、從教會來調整。基本上教會保有全然的可信度，
可以貫徹教會的規範和價值觀，創造清楚明確的關係。第一
步的作法是不斷重覆個人受告誡的見證，同時影射《舊約》
的實踐，一個不認罪者的審判唯有在至少兩位見證者的見證
下才有效。因此很明顯的過犯問題在此保留強烈的法律氣息，
當這也無法發揮功效時，最後採取的是對於整個教會的申斥，
而可能的後果是排斥於教會之外。教會於是在處理罪孽和過
犯上保有權能（8 節），教會能「綑綁」和「釋放」，治罪和
赦罪。這句話還在其他的關係脈絡中流傳下來，也就是說委
任彼得作為教會的領導人物（參見頁 98-104），在此很明顯
的是談論教會中央集權的權力。相對於這裡的規勸和譴責（在
懺悔時也暗指解放和赦免），人們將教會處理過犯之事，視為
彼得的工作。

　　〈馬太福音〉並不認為教會原則上是由一群沒有罪孽的
人所組成的，這從〈馬太福音〉13 章 24-30 節麥子當中種子
的比喻看得最為清楚：善與惡一起栽種，直到最後審判直時
才能真正區別出來（關於即將來到的末世審判對馬太而言也
是一個重要的議題，參見〈馬太福音〉25 章）。

　　可從兩方面探討罪孽和過犯的議題，一方面這是每個人必須處理的問題，是錯失對自我要求以及別人一切要求的生命計畫。另一方面這是教會的問題，唯有某種程度偏離共同有效的基督宗教生命計畫才能承擔，否則他們的價值和規範會喪失約束力。必須結合這兩個層面方能清楚解釋罪孽與過犯的概念。

3. 天主教和基督教對於罪孽和赦免的態度

　　教會對於罪孽、過犯和赦免的教導往往演變成爭議，這在許多情形下成為最終造成教會分裂的導火線。關於早期基督教會史有一篇名為〈赫馬牧人書〉的重要文獻，內容包括一系列異象、命令和比喻的啟示，這篇文章應該是大約在第2世紀中葉出現於羅馬，在一個迫切要求教會聯合的時代。

> 　　我說：主啊！還有別的事我要問你。說吧！主說。於是我問道：主，我從一些夫子聽說沒有其他的懺悔比得上浸入水中，接受我們先前罪孽的赦免。主回答我說：你聽到的是完全正確的，就照這樣行。因為誰若曾得到赦罪，照理即不會再犯，而且必須堅守潔淨。
> 　　（接著一些精確的說明，在受洗後若再犯罪，並在指示神的憐憫下應許他）：當受到偉大而神聖的呼召後，受到魔鬼的引誘而犯罪，尚有一次的懺悔機會。若是時時刻刻犯罪而想懺悔，這對當事者是毫無益處的，

因為他幾乎不可能獲得生命。(〈赫馬牧人書〉。Geb. IV;
3章，頁1以下，版本：海尼克 (E. Hennecke) &許
涅梅歇 (W. Schneemelcher)，《德文新約偽經》，1958–
59³)

　　這篇文章點出早期基督教會的問題：一是人們經由受洗
可以獲致生命的新方向，與過犯、生命過錯沒有訂約。教會
提供人們找到生命的場所。一是人們經歷到教會弟兄意圖犯
錯，與這個生命沒有訂約，但卻難將這樣的人徹底排除於教
會之外。因此這裡找到折衷的方式：一個罪孽（意指確定且
被刻下的罪孽）可以在懺悔行為中得到赦免，但是只有一個。
赫馬的牧人盼望末世儘快到來，因此這個解答對他是可信的。
然而持續下去對於基督宗教僅有兩個解答：教派分裂，僅提
供道德上的菁英存在的可能；或是必須找到一條能夠贖罪的
道路。在這種關係之下於是形成羅馬天主教會的懺悔儀式。
　　根據天主教的觀念，「死罪」是對於神所制定的生命可能
犯下重大的過錯（關於死罪有一系列不同的具體形象）：偶像
崇拜，亦即從基督教墮落、謀殺、淫蕩，也包括如驕傲等的
精密犯罪，輕率離棄神的福祉。這樣的事件在古老教會中是
一種極端的事變，並在發展的過程中日漸頻繁。因為成為民
族宗教的基督宗教當然並不是貫徹宗教與習俗的要求，如同
早期的小型教會。此外，個人知識研究日趨嚴謹，不只是預
備公開的惱怒是死罪，而且反映在信徒的心中，相對的導致

了懺悔儀式的私人化。在古老舊教會中懺悔是一種公開事件，人們識得懺悔者，由於他們的罪行而受到排斥，然後一步步透過懺悔和贖罪的方式，再度被信徒的團體所接納，因此從中世紀以來私人懺悔成為重點。罪人找到有權聽取懺悔的神父，並向他懺悔一切的死罪，前提是在懺悔尾聲必須對他的行為表示懊悔，不能隱瞞。這個公開性透過神同在的幫助，使悔改完全，並在實現神制定的生命計畫中有一個重新開始的空間，神父赦免懺悔者的罪說：「奉聖父、聖子、聖靈的名赦免你一切的懲罰和罪孽」。同時神父也擔負起懺悔者赦免之後的表現，並處理還被干擾的危險無神生活。這樣的表現屬於齋戒、禱告、施捨和其他的善工。

意識到自身死罪的天主教徒必須每年至少一次接受懺悔儀式，如此才得以領受每年義務進行一次的聖餐。於是如同洗禮和聖餐禮，懺悔也成為一種儀式。

懺悔和赦免在此成為一種形式，在神學上甚至是法學上廣泛地被徹底研究，並在習俗上確立下來。以宗教為歸鄉和揚棄宗教的天主教徒必須準備好工具，來處理在他基督生命計畫中所犯的過錯；他可以採用現有的形式，同時得到有職分者的幫助，不僅可以解答他的問題，也可處理他的罪，並且隨時地修正他心中的宗教世界圖像。

當現存的機制規則不足以處理個人的罪孽（例如路德的經驗），或是當機制的權柄為了個人自立和自決的感覺，而使教會和教會的職分受到局限（當代各式各樣的經驗），這個體

系便有了明顯的限制。

　　近來天主教會的懺悔實踐在德國和瑞士地區似乎發生了快速的轉變，教會的懺悔慶典取代個別懺悔的位置，教會共同探討犯下的罪行，將過犯顯明出來並加以勸說赦免。充滿過犯和錯失已很明顯的成為天主教徒的「正常經驗」，產生一種貼近於新教教派對於過犯和赦免的構想。

　　由路德開啟的宗教改革，乃是體驗到天主教建立的懺悔機制之不足。此外必須考慮的是，儘管這個實踐在中世紀開始時受到一些扭曲而脫離了原始的觀點，宗教改革的轉變仍然超越天主教而發展下去。

　　懺悔的這個議題首度在馬丁‧路德《九十五條論題》中被探討，這同時標誌著宗教改革的開端，其原因在於教會將信徒的懺悔表現和金錢奉獻緊密結合起來，路德起而抗議這種「赦罪交易」，因而引發一場神學的論戰。懺悔這個主題表達出路德的基本立場。

1. 因為我們的主耶穌基督說：要懺悔等等，祂願意信主者整個生命是贖罪的。
2. 關於懺悔一詞不可視為儀式，亦即不可理解為是透過神父職分所執行的懺悔和補償。
3. 因為懺悔不僅是個別的內心懺悔；若非也影響到外在肉體的某些節制，內心懺悔是無意義的。（馬丁‧路德，《九十五條論題》，卡威爾．路德版，第二冊）

在此可以確定的是，人類包括基督徒的生命基本上是取決於罪孽與過犯，而將生命導回正軌的懺悔和赦免並非是時時刻刻需要的過程，也毋須獨立的儀式場所；懺悔和赦免反倒是持續體認基督福音的要素，了解這點的人便得到雙重的啟發：一方面他錯失了個人的生命計畫，從未達成所意欲實現的；另一方面生命是賜予的，對於個人真正的目標不用精心實現，而是毫無條件的保有。這個事實是著名的路德用語，意思是人類既是罪人也是義人。

於是在天主教會中執行懺悔的概念被徹底拋棄，路德教派自然針對懺悔儀式持保留態度。人們保留個別懺悔（「公開的過犯」，共同的悔改自然被採納）。而在受慈運理和喀爾文影響的宗教改革傳統中，懺悔歷經重大的轉變，鑑於新的神學構想以及實際的禮拜實踐，個別懺悔便全然消失了。

罪孽和過犯的概念，被宗教改革的教會視為是違背了具有意義的生命計畫，但是這些現象從一開始就被視為是正常的，在宗教上不能輕易揚棄，而是使之益發鮮明，導引每個人在這個方式中觀照自己的生命，藉此宣揚基督福音、並灌輸到個人的自我認知中。這個過程並未和某種特定的儀式過程連結，它並不傳達教會的機制，並不需要透過有職分者來實現。個人可以透過經驗和過犯而更為直接、更個人，同時更機動的來領會；另一方面這個領會的方式和菁英特質結合：對於個人在理智和習俗上的追求上，訴諸一個高標準的要求。生命若缺少這個，過犯的現象將會回頭，而使生命失去意義。

教會的形象

使徒是主派來傳福音給我們，耶穌基督是神所派來的。因此基督是由 神而來，使徒是由基督而來：兩者皆是根據 神的旨意，在美好的秩序中成就。當使徒接受他們的委託時，透過主耶穌基督的復活確定達成，並在神的話語中得到剛強，牽引進聖靈的喜悅中，以傳揚 神國來臨的訊息。

〈革利免第一書〉

耶穌並未創立宗教，也未建立教會；《新約》中少數耶穌提到關於教會組織原則的經文，大概最早出現在教會初期。唯一必須說明的是，各種不同的基督宗教團體早在耶穌死後不久即顯露出截然不同的形象。相較於佛教甚或在伊斯蘭教，宗教建立者的創造意志事先決定了信徒的組織團體，這樣的情形是無法在基督宗教中得到證明的。

因此在早期教會已不僅出現領導權之爭，而是進一步爭論領導權威的樹立，也就不足為奇了，尤其是保羅的書信可為此作證。保羅本身就曾經和耶路撒冷教會的代表爭辯，他一方面承認耶路撒冷的優先地位（這源自於保羅讓早期教會可以得到捐資，參見〈哥林多後書〉8 章以下）；另一方面保羅也否認耶路撒冷對於權柄的要求（〈加拉太書〉1-2 章）。然而保羅的權柄在他所建立的教會或至少由他所牧養的教會也並非無可置疑，他必須針對爭議、分裂和意見分歧，就神學上實踐敬虔的方式進行辯論（可參見〈哥林多前書〉、〈哥林多後書〉）。

早期教會的特色在於擴大組織形式、宗教實踐，以及神學的思想遺產，因而在發展初期即形成一個統一的教會是不可能的。這個廣度一方面有助於基督宗教的擴張，使本身符合一切可能的想像領域；另一方面陷入一種危險的景況，那些除了共同的歷史源頭之外、幾乎不再有共同點的無數團體，受到新興宗教的威脅而面臨瓦解。而在這種因果關係之下，需要一個明確的組織和權柄結構。

致力於樹立這樣的結構當然可回溯到教會的最初期，這尤其在〈馬太福音〉中有清楚的描述，也是我們要加以觀察的重點。

一、建造教會的《新約》元素

彼得就對他說：「看哪，我們已經撇下所有的跟從你，將來我們要得甚麼呢?」耶穌說：「我實在告訴你們，你們這跟從我的人，到復興的時候，人子坐在他榮耀的寶座上，你們也要坐在十二個寶座上，審判以色列十二個支派。凡為我的名撇下房屋，或是弟兄、姐妹、父親、母親、兒女、田地的，必要得著百倍，並且承受永生。然而，有許多在前的，將要在後；在後的，將要在前。」(〈馬太福音〉19 章 27–30 節)

那時，耶穌對眾人和門徒講論，說：「文士和法利賽人坐在摩西的位上，凡他們所吩咐你們的，你們都要謹守遵行。但不要效法他們的行為；因為他們能說，不能行。他們把難擔的重擔捆起來，擱在人的肩上，但自己一個指頭也不肯動。他們一切所做的事都是要叫人看見，所以將佩戴的經文做寬了，衣裳的繸子做長了，喜愛筵席上的首座，會堂裡的高位，又喜愛人在街市上問他安，稱呼他拉比 (拉比就是夫子)。但你們

不要受拉比的稱呼，因為只有一位是你們的夫子；你
們都是弟兄。也不要稱呼地上的人為父，因為只有一
位是你們的父，就是在天上的父。也不要受師尊的稱
呼，因為只有一位是你們的師尊，就是基督。你們中
間誰為大，誰就要作你們的用人。凡自高的，必降為
卑；自卑的，必升為高。」（〈馬太福音〉23 章 1–12 節）

　　若不能將耶穌視為是宗教創建者，那麼耶穌聚集學生在
他的門下這是毫無疑問地。在他的信徒當中「十二」扮演一
個特別的角色。數字十二呼應以色列的十二支派；值得大加
思索的，是耶穌選擇特別優秀的學生成為一個十二人的團體，
藉此表達出他對於整個以色列的要求。〈馬太福音〉19 章 27
節以下也可以證明：現在的這十二位門徒在神國來臨時將作
為十二支派的掌權者，這可證明是針對整個以色列。當時的
信徒不顧自己眼前的社會責任和特殊地位而追隨耶穌，因為
這對於在整個特定家庭中紮下根基、向別人訴求是有意義的。
誰若現在歸向耶穌，誰就成為團體邊緣人，不受到尊敬，根
據一般的評價也微不足道，這種情形一直持續到神實現祂的
意志，神的統治來到。然後這種關係將要倒轉，直到這時被
視為不標準的、怪異的、可笑的一切（指耶穌的信徒），將被
證明是既正確又標準的：「十二」將成為以色列的權柄，而標
準也將要一切顛倒：起初的將要是最後的，最後的將要是起
初的。這句話在不同的因果關係當中流傳下來，重點是某些

耶穌的講述和行為方式曾經存在過。

當門徒也象徵性地體現一種按照一般的生活規則，卻沒有執行力的生活時，對於教會共同生活的形象幾乎沒有給予一個正面的指示。

從這樣的要求當中同樣產生教會弟兄之間關係的指示。在〈馬太福音〉23章1節以下，基督教會的結構和基督宗教的權柄遭到猶太人排斥，從中顯示出猶太教對於尖銳議題的扭曲。猶太教的釋經被拒絕，被貼上不信者的標籤，釋經學家從個人行為和虛榮心出發，被批評為缺乏因果關係。相反的，基督徒願意放棄拉比、父親、學者的尊稱（所有的稱謂皆是相對於擁有權柄的經文教師），唯一的權柄單單是神，尤其是傳揚神的耶穌才擁有。這段談話在結尾處達到高峰（11節以下），呼應之前談論的段落的目標方向。

也因此對於教會結構和權柄組織並不抱持正面的態度。意圖掌握權柄者被要求必須比別人在職分上而非權位上占有一席之地，這普遍被視為充滿價值的批判原則（然而這並不具新意，類似情形也顯示在古東方大帝國對於理想王權的資格認定上）。

相對於「十二使徒」在耶穌生前首先宣告對於整個以色列的要求，而在主耶穌死後十二使徒的地位也隨之改變。顯然地他們現在被視為是傳承的保證，並因此被視為是（在耶路撒冷?）教會的權柄；根據這個理由，在猶大被剔除之後，還需尋找接替的人選（〈使徒行傳〉1章15節以下）。顯然未

經多久即出現另一個占有領導權力的小組；保羅將此稱為在
耶路撒冷的「支柱」，也就是雅各（耶穌的哥哥，耶穌在世時
根本不曾出現）、彼得和約翰（最後兩位名列十二使徒當中）。

　　在早期的經文中已出現使徒的概念，只不過在使用上具
有多重意義：一方面十二作為使徒的標記，然而即使是保羅
也自稱使徒。我們不清楚的是這個概念的來源，或許是人們
最初將廣大的基督同工圈稱為使徒，後來保留作為「十二」
的頭銜。

　　　　耶穌到了凱撒利亞·腓立比的境內，就問門徒說：「人
　　　　說我——人子是誰?」他們說：「有人說是施洗的約翰，
　　　　有人說是以利亞；又有人說是耶利米或是先知裡的一
　　　　位。」耶穌說：「你們說我是誰?」西門·彼得回答說：
　　　　「你是基督，是永生 神的兒子。」耶穌對他說：「西門
　　　　·巴·約拿，你是有福的! 因為這不是屬血肉的指示
　　　　你的，乃是我在天上的父指示的。我還告訴你，你是
　　　　彼得，我要把我的教會建造在這磐石上；陰間的權柄
　　　　不能勝過他。我要把天國的鑰匙給你，凡你在地上所
　　　　細綁的，在天上也要細綁；凡你在地上所釋放的，在
　　　　天上也要釋放。」當下，耶穌囑咐門徒，不可對人說他
　　　　是基督。(〈馬太福音〉16 章 13–20 節)

這段成為教會史上具有特別影響力的經文包括幾個重

點，首先它探討的是對於耶穌的正確稱呼，應該給予耶穌適當的尊稱，給予他在宗教的世界圖像中應有的尊崇位置。經文浮現不同的頭銜，然後匯聚成為一種關聯。首先耶穌自稱為「人子」，這個難以一窺究竟的頭銜雖然早在耶穌之前的猶太教流傳文本中已經找到應用的痕跡，但並未清楚明確地銘記下來。在「福音書」的流傳經文中顯示不同的關聯性：有時耶穌在世時自稱為「人子」，或是更適切的單稱為「人」，阿拉米語的表達方式是簡單指「人類典範」；有時也意指末世時現身為審判者或審判證人的人子。至於民眾的觀點是將耶穌視為先知之一，當時人們期待在被看作是末世的當代，有一位之前的先知，如早先的以利亞能再度顯現，來預示世界的轉折。相對的，彼得掌握到較高層次的稱呼：耶穌是「基督，是神的兒子」。這是兩個在《舊約》具有深厚歷史背景的稱呼；「基督」、「受膏者」在古老以色列是指君王，當王權的政治機制喪失之後，局部地喚醒對末世君王的盼望。「神的兒子」這個標記也首先適用在君王身上，但是在《舊約》末期及之後的猶太教中獲得較廣泛的意義：凡是在遠離神的現實中不被誤導，並堅守對律法忠心的虔誠者，都可稱為是「神的兒子」，並且在死後會沉浸在神的懷抱當中。「基督」和「神的兒子」也是「領袖頭銜」，耶穌的整個存在看來是屬於神的，這個表明被證實，並且是符合資格的：反映在彼得身上的表白並不是一般人類的知識，而是啟示的知識，後來的教會在對耶穌表白時表達出他們的要求。

隨著彼得對耶穌表白之後，接著是耶穌對彼得的表白：
耶穌以別名稱呼他（彼得的意思是岩石，也就是在〈哥林多
前書〉15 章 5 節以阿拉米文所稱的磯法；原本的名字是西
門），彼得是教會建造的磐石。這是否意指彼得個人的人格特
質？彼得自此「成為教會建造的磐石」，當他向耶穌以這樣的
方式表述時，正如在此所成就的。

這位表白的彼得也被賜予「綑綁和釋放」的權柄（19 節），
其中從各種觀點體認宗教權柄，一方面是彼得獲得能力，得
以對於宗教上的真理和有效性作出決定；另一方面是有全權
幫助對於預示的生命計畫錯失個人實踐的教會弟兄來實現
（參見本書頁 86-89）。此外必須再次強調的是，這個權柄不
是個人或某個職分的資格，而是對應表白的過程。

彼得這個人物在這節經文扮演一個重要的角色，當然是
有某種程度的歷史背景。列舉耶穌的門徒時，彼得總是出現
在首位，根據「福音書」的敘述，他也是第一位被耶穌呼召
的學生，而這也可以算是後來等級制度的規畫。無論如何，
保羅傳下一份耶穌死後呈現的異象名單，當中以彼得為首，
十二門徒追隨在後（〈哥林多前書〉15 章 5 節，參見本書頁
21-23）。彼得作為耶穌復活的見證者，這對於建造第一個信
徒團體顯然具有根本上的意義，尤其是在「福音書」一致敘
述到彼得曾經三次不認耶穌之後。因此彼得的權柄並不是沒
有問題的，而是透過人類的軟弱受到質疑。同樣的說法也出
現在彼得表白的經文脈絡中：在彼得陳述之後，隨即表明自

己並未在耶穌的道路上有分，想要脫離耶穌的道路，彼得為此受到嚴厲的指責（21-23 節）。

顯然這節經文並非簡單指出教會權柄和等級制度的概念，而是假定存在這樣的權柄和等級制度，基督宗教發展之初，彼得即已定居在耶路撒冷的教會。現在他制定關於這個權柄的準則：就這點而言，權柄唯有當清楚表白才有效，並且不斷陷於危險之中，因為權柄「只想到人，不想到神」，亦即並不遵行基督宗教的現實，而是遵行另外的準則。

二、天主教會組織的發展

鑒於早期基督教會迫切需要將全然混亂的各種樣貌統一起來，造成兩方面的後果：一方面使得教義一致化，亦即形成一種「標準信仰」，呼應《聖經》文字訂定的教規；另一方面使得教會職分明顯地擴張界限，成為一種等級制度關係，關於這一點是我們在此要探討的。

早期教會的明顯特徵是發展出等級制度的主教職分，在《新約》中很喜歡稱個別教會的領導者為「監督」、「長老」和「僕人」〔源自希臘文 episkopoi, presbyteroi, diakonoi, 演變為德文 Bischöfe（主教）, Priester（牧師）, Diakone（執事）〕。是否在早期（例如參見〈腓立比書〉1 章 1 節）即有固定的職分是不確定的，或許這裡表示的僅是功能上的稱呼：長老自然在決策過程中有重要的發言分量，同樣的，那些負責照

料少數富裕者物質方面需求的人也具有強大的影響力。所以
「長老」以及「監督」的稱呼可以在早期基督教的環境中用
作為職分稱呼。整體而言，領導的功能起初是針對需要、能
力和機會而分派，而後隨著時間的發展演變為更明顯。相對
的，「監督、長老、僕人」起初較屬於對人的稱呼，在某個特
定情況具有特定的功能，後來轉變為對固定的職分稱呼，一
直發展到主教、牧師和執事等職分的意義。

　　「人若想要得監督的職分，就是羨慕善工。」這話是可
　　信的。作監督的，必須無可指責，只作一個婦人的丈
　　夫，有節制，自守，端正，樂意接待遠人，善於教導；
　　不因酒滋事，不打人，只要溫和，不爭競，不貪財；
　　好好管理自己的家，使兒女凡事端莊順服。人若不知
　　道管理自己的家，焉能照管神的教會呢？初入教的不
　　可作監督，恐怕他自高自大，就落在魔鬼所受的刑罰
　　裡。監督也必須在教外有好名聲，恐怕被人毀謗，落
　　在魔鬼的網羅裡。（〈提摩太前書〉3 章 1–7 節）

　　所謂的「教牧書信」（寫給提摩
太和提多）顯然是出於保羅之手，
從一連串風格和內容上的特徵看
來，推測可歸類於稍晚時代的書信
文學，其中探討的是保羅對於權柄

┌─────────────────┐
│　　閲讀指引　　　│
│　　　　●　　　　│
│〈提摩太前書〉3 章│
│8–13 節；5 章 17–25│
│節；〈約翰一書〉和 │
│〈約翰二書〉。　　 │
└─────────────────┘

的要求。

　　在這些教牧書信中已明顯可見職分的形成，此外，這些
經文也釐清對主教道德要求的某些觀點，但遺憾的是甚少提
及這些職分的功用。主教和長老的職分是否一致並無法確認，
可以確定的是執事兼負其他的任務。主教尤其要保護教會信
徒免於謬誤教導（參見〈提摩太前書〉4 章），無法正確看清
的是仇敵如何看待教義，對於個別的相信可以引用一首對於
教會信徒耳熟能詳的聖歌作為憑證，這也重新喚起對紮根於
傳統事物的回憶，但是缺少內容的精確化。整體而言，教牧
書信喚起對於穩固建立的良善市民恪守教規的印象：操練身
體（4 章 8 節）、胃口不佳可稍微用點酒（5 章 23 節）、善於
管理的長老當配受敬奉（5 章 17 節；職分的意義的確並不十
分清楚）。因此將主教，尤其是長老職分，視為值得追求的生
命目標，似乎是可以理解體會的（3 章 1 節）。

　　〈約翰一書〉和〈約翰二書〉當中也再度反映出聯合教
會的情形，這些教會同樣面臨謬誤教導的危險，貫徹實行一
種基督宗教的「標準類型」，保羅在約翰書信中所表達的基督
宗教類型，可察覺出與在教牧書信中的迥然不同。人們在某
種程度上從各方面朝向一種標準的和規範化的中庸之道。

　　兩封書信是一位「長老」寫給一個教會，〈約翰二書〉的
受文者是全體教會信徒（用「主人」一詞顯然是對這個團體
的尊稱），〈約翰三書〉寫信的對象是具名指出的教會領袖，
似乎在此有一種跨教會的權柄提供建議和行為方針，暗示一

種區域等級制度。兩封書信的主題並非一致，第一封信是警告謬誤教導，透過在基督宗教圈四處行走的使徒所引進的謬誤教導（正如保羅所處的時代！），教會必須要提防他們，甚至不許他們進入教會，教會要拒絕他們。區別異端的基督教在此已廣泛成長。在另一封信也提及四處行走的使徒，然而卻是正面的評價。可以確定的是，似乎人們已不是那麼理所當然的接待這些人，否則這個主題不會在書信的一開頭即被強調出來。地方教會獲得如此的穩固組織原則，四處行走的傳教士必須被視為陌生人來接待。然後保羅對某種程度「那好為首」的丟腓特（Diotrephes）表示立場，顯然也是基於長老職分的要求。因此職分的產生並不是沒有摩擦的，一個固定的呼召程序尚未形成。事實上，長期以來在古老教會中發生許多主教遴選的爭議事件。擁有權柄的在上位者在此也表態，拒絕在領導功能中有合法性的丟腓特，相對的卻支持丟米特（Demetrius），顯然這是有必要的，但不是由自己執行。

　　使徒是主派來傳揚福音給我們，耶穌基督是 神所派來的。因此基督是由 神而來，使徒是由基督而來：兩者皆是根據 神的旨意，在美好的秩序中成就。當使徒接受他們的委託時，透過主耶穌基督的復活確定達成，並在 神的話語中得到剛強，牽引進聖靈的喜悅中，以傳揚 神國來臨的喜訊。他們在村莊和城市講道，使初信者經過考驗之後，透過聖靈被按立為未來信徒的主

教和執事……我們的使徒也透過我們的主耶穌基督預先知道，將會產生關於主教職分命名的爭議。由於他們事先已確切知道這事，因此已按立命名，並發下命令，當他們長眠之後，其他受試驗的男人接管他們的職分，在此或其他地方提及的男人是經由整個教會同意而被按立的……，這樣的男人卸下他們的職分，我們認為是不公平的。若我們將無可指摘並且聖潔獻上的人卸下主教職分，那麼任何微小的罪孽都數算在我們身上。（〈革利免第一書〉42章頁1以下）

所有的人追隨主教如同基督追隨聖父一樣，並且像使徒一樣追隨牧師，職事被尊崇為如同 神的命令！若非主教無人能辦理教務！唯有聖禮被視為是真正在主教主持之下舉行！主教出現的場所也就是信徒聚會所，正如同是耶穌基督的所在，也是一般的教會。沒有主教主持的受洗或享用愛筵是不正確的；然而每個人所要被試驗的是要取悅神，奠基在這之上所發生的一切是安穩妥當的。（〈伊格那修給士每拿教會書信〉8 章頁1以下，版本出自海尼克（E. Hennecke）&許涅梅歌 (W. Schneemelcher),《德文新約偽經》，1958–59[3]）

　　革利免和伊格那修書信屬於基督宗教界最早的《新約》文學（所謂使徒教父），出現在第1世紀末前後，介紹最初的

教會歷史。

兩篇文章點出理解天主教職分的入門途徑，而這一切的事情尚在進行當中。在〈革利免第一書〉還顯示出尚未授予君主政體的教會領導，主教和職事反倒是類似在教牧書信中的情況，當然可以被駁斥。不滿足的哥林多教會想要撤換不受歡迎的主教，而這點也正是不被允許的，因為主教的合法性首先並不是來自教會（雖然要強調的是在按立主教時，教會也可以行使同意權）。主教職分必須由前任主教按立，啟示的傳統相連是考慮的重點：啟示是由神傳到基督再到使徒，而後使徒將繼續傳遞到有職分者——同樣是指主教的手上。因此使徒的合法繼承被納入考量，這在今日天主教和許多非天主教會關於教會和神學討論上扮演一個重要角色。

順帶一提的是，這些長老的基本作用更清楚：他們擺上奉獻，很可能是指習俗義務的履行，具體的行為表現在聖餐禮，因為也有其他早期基督宗教界的代表人物將聖餐禮視為是奉獻思想（參見本書頁 61–65）。如此說來，不僅是教義流傳和教會領導被機制化的領導小組保留下來，並且也履行了習俗義務。

這種趨勢在革利免更加明顯。現在不再是由一群長老，特別是主教來領導，而是由君主政體的領袖：主教歸入於長老，如同這十二使徒歸入基督一樣。教會結構因此直接推進啟示本身，若以後來神學教育的方式表達，也就是根基於神的國。而這個教會職分所實行的權柄具有直接的宗教有效性。

相對應的是教會一切行事現在與主教連結。沒有主教舉行的洗禮和聖餐禮是不合法的，主教掌控教會的教義、敬拜和法律生活，藉此達到一種極盡嚴謹的教會組織，隨著這種組織形式，古老的教會找到教會的統一，並且相對於其他古老的宗教發展出其他的滲透力。

這個早在第一個世代就已經形成的開端，所塑造的天主教會形象毫無疑問地持續發展下去。在此僅簡要說明發展的各個觀點：

⑴長期以世界教會為中心是爭議的焦點。羅馬提出一個自然的要求，羅馬城是羅馬世界帝國的中心，於是導致羅馬世界教會中心地方化。保羅前往羅馬，並在此殉道而死，彼得很可能也是一樣。這對於羅馬教會具有重大意義。使得羅馬主教進而被尊崇為本質的權柄，儘管有很長一段時間唯有首位誕生的主教才具有影響力。隨著羅馬帝國的崩潰以及在東、西方的特殊發展產生限制，最後導致羅馬主教成為世界教會的教皇，擁有中央集權的權力。

⑵教皇和主教會議之間的爭議關係。在中世紀還未能決定是主教會議或教皇會議擁有較高的權柄。宗教改革的危機需要最終決議來制定等級制度原則：教皇高於宗教會議，宗教會議的決議在教條的確立找到發展，教皇在關於信仰以及道德事項的教義說明是無可指摘的（1870 年第一屆梵諦岡宗教會議）。

⑶教會內在結構的改變導致基督宗教發展成為國教。羅

馬的統治者在第 4 世紀改變對基督教的態度，在所謂的「君
士坦丁歸正」時期，基督宗教先是忍耐與支持，接著在挫敗
之後，成為羅馬帝國的官方宗教，搖身成為受到現在統治者
禮拜的地位，取消並禁止當時所有其他的「異教」迷信。成
為基督徒和成為羅馬公民現在是一致的，國家和教會結構相
稱，教皇擁有政治上的影響力，甚至在羅馬帝國崩潰之後成
為政治形象的主宰。由於教皇表達對於世界統治的要求，要
求本身擁有超越皇帝之上的政治權柄，使這種發展在中世紀
達到高峰。

(4)在中世紀結束之後，教會再度逐步地從政治權力開展
的領域被驅逐出來。教會相互辯論，發展出與宗教改革完全
不同模式的教會教義和形象，後來隨著啟蒙運動，教會和政
治組織開始脫鉤。

三、　宗教改革的新開端

宗教改革造成教會形象上不同的改變，一般人會說，在
路德教派中新教義的結論並非如此極端地關注禮拜行為和教
會生活的形象，這是受到慈運理和喀爾文的影響而形成的。
1561 年日內瓦的教會命令大體上保留以下的決定：

> 主安排四個團體或職分制度來領導祂的教會，亦即牧
> 師（牧者）、然後是教師（老師）、接著是長老，最後

是職事……

關於牧師（有時經文也稱為監督、長老和僕人）的任務是傳揚、教導、規勸、勸說和指點 神的話，以及公開的或有時個別情形主持儀式，對於長老或同工提出兄弟之間的告誡。

教師的根本任務在於教導信徒教義，使福音的潔淨既不因無知也不因誤解而枯萎……

長老的任務是關切別人的生活，當看到別人行為差池，生活失序時，和善的向他指點正確的方向。（執事最後是負責照護病患和窮人）。〔《根據神的話改革的教會中的悔改和教會秩序》，尼澤爾（W.Niesel）編著，頁43以下；原文為法文〕

這裡某些段落所引述的命令是經由日內瓦委員會，也就是政治當局所宣布有助於教會的新命令。格外引人注目的，是與傳統的進一步決裂，雖然基本上在變化的關係中當然會出現一個全新的組織形式，人們仍試圖再度藉由《聖經》的事實情況將兩者連結起來。

牧師保留作為核心的職分，宣揚福音、主持聖禮和心靈訪談。牧師在公開的禮拜和私人場合傳講福音，改變現在的生活，並以《聖經》福音的意義領域來解釋過去，即使是最

高層次的聖禮也是遵照福音的語言意義。

這個強調宗教改革的觀點，在第二個職分——教師的機制化中更加強化，宗教改革觸發一切領域的研究和教導活動，這部分紮根在人文主義獻身於對基督宗教西方世界古代起源的考察基礎上，現在人們從事翻譯、考察，以及探究經文和神學傳統，並不僅是針對一群孤立的學者，因此其結果是普遍可以理解，也是一般民眾易於掌握的。在宗教改革時代出現教條和教義問答手冊，將學院中的神學教導相對應地轉為授課機構的一般教育程度，然後傳授給一家之主，並督促他們繼續教導他們的家人。於是與傳揚福音平行發展的也就是一種教導事件。此外至少按照這個想法，神父，尤其是教師的專業分工，基本上與一般的教會弟兄並無二致（這適用於「一般教士身分」原則）。

至於長老階層（「神父」，這個在《新約》的名稱再度被採納，並從此找到一條通往福音教會的入口）是受託監督全體教徒的生命改變，並可以明確定位基督的生命計畫及在道德上的結果，假設這是毫無問題的，然而必須以滿滿的愛心來監督實現。最後產生一個負責社會問題的主管當局，照護病患和窮人，並且保證人人在社會上都有一個受到保護的位置。

教會和政治的權柄緊密相連，舉例而言，長老委員會是按照各個不同政治決策委員會的比例分派。教會和國家此時進一步合為一體。國家的目標終究在於福音的傳揚，並監督

落實在市民日常生活中的情況。人們說到「神權政治」的開端並非沒有道理。

　　教會和國家的這種結構關係雖然是建立在基督宗教的傳統上，卻不斷地與《聖經》進行論爭。這個天職不是發生在不曾斷裂的歷史脈絡上，到此時適用的一切首先被摧毀，不再有理所當然的宗教價值和機構；必須在與傳統理性的交往中重新尋找，藉此持續從屬於這個理性準則，使從前的價值和機構本身仍然有效。

　　因此，宗教改革，尤其是改革後的教會編組並非固定不變，而是從中產生一種社會的，特別是文化的活力。我們在下一章才要討論到啟蒙對於宗教的影響，可說符合這個發展。

第四章

世俗的行為

當孝敬父母，使你的日子在耶和華你　神所
賜你的地上得以長久。不可殺人。不可姦淫。
不可偷盜。不可作假見證陷害人。不可貪戀
人的房屋；也不可貪戀人的妻子、僕婢、牛
驢，並他一切所有的。

〈出埃及記〉20 章 12–17 節

一、猶太教「律法書」為開端

　　猶太教的「律法書」（希伯來文 Thora）如同《舊約》結尾的發展，呈現出多重意義的重要性，其中所指的首先是文本的編輯。雖然「摩西五經」與「先知書」（歷史和預言書）以及「經文」（屬於經典以外的其餘部分）構成《聖經》，「律法書」也是標誌著整個受到啟示和具有義務的流傳文本。在神殿被摧毀不久之後，人們開始收集回歸基本世代的釋經文集，稱為口傳「律法書」。口傳「律法書」（所謂的《美市納》Mischna）又再度被討論和解釋，集合這些解釋所產生的《猶太法典》（Talmud），是對於《聖經》必要的補充。

　　口傳和文字「律法書」並非出於行為規章，保存較多的反倒是許多宗教世界圖像的所有元素，人們僅質疑文字「律法書」添加上敘述創造歷史的〈創世記〉。然後從世界的呈現中產生出預示以色列人的生命道路，其中顯示了「律法書」的觀點，這對於外邦人而言是最引人注目的。這個規章首先並不是從法學或道德方面來了解，而是在世界活動的方法，透過啟示成為可能。因此表達「律法書」，基本上可翻譯為「啟示」，這個啟示包括遵照神、對於世界和人類的特定生命計畫。

　　當人們思慮到猶太教在巴比倫流亡時期以少數身分生存，必須嚴格與周遭區別出來，作為恪守宗教的民族來求生的情況時，於是，這個轉向具有完全特別的面貌是可以理解

的。相較於鄰國文化的多神性，《舊約》的神在本質上即迥異於其他神祇；另外相對應的也包括這個由神所創造的世界，它本身並不具任何宗教的重要性，而是神所掌管的範圍，提供人們生活和保護的空間來加以支配。最後，猶太人的生命道路也迥異於其他人類：猶太人是經由啟示所確立，具有不同的標記，例如割禮、安息日等等。這條應許的道路當然不是一成不變的，因為隨著歷史和文化脈絡的改變，也會面臨新的問題，然後與傳統進行論爭，繼續實踐「律法書」所給予的生命可能。

所有這一切與基督教中的「法制」，包括在《新約》中以諷刺手法呈現的「法律」無關。「律法書」當然迫使這條道路變得扭曲，因為個人的生命和經驗可能被局限在無法忍受的標準當中，或是他將別人的生命和經驗可能局限在無法忍受的標準之上。然而這種危機不僅存在於基督宗教，相對應的也出現在其他宗教當中。

因此，猶太教表現出一種面對世界全然堅決的態度，一種明確的倫理：一切行為必須經由「律法書」確認合法，這其實也僅局限在猶太人的共同生活，在稍後的年代才開始考慮到以色列用什麼樣的方式較諸其他民族才具有意義。

二、十誡

神吩咐這一切的話說：「我是耶和華你的 神，曾將

你從埃及地為奴之家領出來。除了我以外，你不可有別的　神。不可為自己雕刻偶像，也不可做甚麼形象彷彿上天、下地，和地底下、水中的百物。不可跪拜那些像，也不可事奉它，因為我耶和華你的　神是忌邪的神。恨我的，我必追討他的罪，自父及子，直到三四代；愛我、守我誡命的，我必向他們發慈愛，直到千代。不可妄稱耶和華你　神的名；因為妄稱耶和華名的，耶和華必不以他為無罪。當記念安息日，守為聖日。六日要勞祿做你一切的工，但第七日是向耶和華神當守的安息日。這一日你和你的兒女、僕婢、牲畜，並你城裡寄居的客旅，無論何工都不可做；因為六日之內，耶和華造天、地、海，和其中的萬物，第七日便安息，所以耶和華賜與安息日，定為聖日。當孝敬父母，使你的日子在耶和華你　神所賜你的地上得以長久。

不可殺人。

不可姦淫。

不可偷盜。

不可作假見證陷害人。

不可貪戀人的房屋；也不可貪戀人的妻子、僕婢、牛驢，並他一切所有的。」（〈出埃及記〉20 章 1–17 節）

十誡在《舊約》中流傳三次：在〈申命記〉5 章 6–21 節

出現和這段經文幾乎一模一樣的敘述，在〈出埃及記〉34 章也提到十誡，與這裡討論的經文有差異，在數字方面也不明確。

顯然人們自從遠古時代早已開始收編誡命，作為基本的生活守則。十這個數字具有多重作用：每根手指代表一條誡命（在其他民族也識得這樣的誡命次序）。至於以哪一條誡命為本則因人而異。因此如同這裡所示的誡命次序（一般稱為十誡）很可能出現在猶太人的流亡時期，大約在西元前 6 世紀，關於這一點學者們的看法紛歧。「十誡」出現在〈出埃及記〉的敘述中是神的首度傳達，神在西奈山顯現於摩西面前，頒給以色列人敬拜和倫理規則，在這個總體規則內十誡具有一個重要的意義。

誡命的數字直到今日並不是普遍一樣的，舉例來說，在路德教派的傳統中經常是第一誡在第 2 節經文，第二誡在第 7 節經文，第 17 節則是最末二個誡命。而依照改革教派的傳統，第一誡從第 2 節經文開始，第 2 誡出現在第四節經文（第 17 節則僅有一個誡命）。

十誡就內容上可區分為兩部分，第一個部分是關於人與神的關係，第二個部分是人類彼此之間的關係。因此很明顯的，共同生活的基本規則是植基於人與神的特別關係，更確切地說，植基於以色列民族與神的關係。十誡出現在以色列民族不再是政治、社會統一體的年代，而是透過共同的民族起源成為可能，然後由宗教決定的共同體。因此首先要再三

提醒的是，禁止敬拜其他神祇，不可崇拜偶像（參見本書頁18-21）。這個濫用神的名是指誓約的事實，其中神被召喚作為證人，不可等閒視之。神的權柄和影響力在此遭受危害。安息日的命令也屬於以色列人宗教決定的規則（並非基於人類應該有休息的需要，不帶一絲人道主義的意思）：以色列民族模仿他們的神，從而彰顯自身比其他民族優越；這個安息日是區別猶太人與非猶太人的明顯標誌，誠命因此也具有支撐以色列人意識到是神的選民的功用。

這個完全為確保以色列存在的基本宗教行為，也可以成為塑造這個民族社會形象的規則。基本上首要的是尊敬父母，在青少年時期意謂著順服，在成年時期意謂著照護老人的安全，進一步討論的主題是權柄結構：對於生命必須的規則代代相傳下去。完全簡明扼要表述其他命令對照人類共同生活的理所當然，在整個社會發揮類似的效用，當然所要面對的只是個別共同生活體的社會關係。殺害族人是被禁止的，殺害敵人則可；破壞現有婚姻關係是被禁止的。不許將來自敵人領土的已婚婦女掠奪為奴或進而發生關係，這涉及到以色列民族內人人擁有受保護的處所和生命的可能。

十誡頒下的「律法」在猶太基督宗教的歷史過程中保有一個基本含義，卻一再地被另作他解。例如在登山寶訓中援用的兩條誡命，我們將在下一段清楚說明。在宗教改革時代，十誡成為理所當然的學習題材，並在教義問答手冊中找到入門的途徑，律法被加添不同的功能：一方面啟示的生活規則

應該影響市民律法，藉此有義務遵守世界的權柄，因此律法
應該向人類彰顯個人無能實現神的意志，唯有根據傳揚給他
的福音，才能找到與神以及與自己的正確關係。最後，律法
應該對信徒指出生命的形象，導引悔改者對於他的行為在律
法規定中找到支撐點而心存感謝。因此在新教中論到「律法
的三重運用」，並且為這三重運用展開論爭，因為《聖經》律
法傳統的運用並未形成明顯的規則，例如在當代基督宗教環
境中，在討論和平的範疇時禁止殺人。

三、登山寶訓及其與十誡的關係

　　登山寶訓（〈馬太福音〉5-7 章）這段錯綜複雜的經文是
馬太想要濃縮耶穌的教導集中呈現，其中與《舊約聖經》生
活秩序的關係扮演一個重要的角色，這對馬太而言是至關重
要的。

> 莫想我來要廢掉律法和先知。我來不是要廢掉，乃是
> 要成全。我實在告訴你們，就是到天地都廢去了，律
> 法的一點一畫也不能廢去，都要成全。所以，無論何
> 人廢掉這誡命中最小的一條，又教訓人這樣做，他在
> 天國要稱為最小的。但無論何人遵行這誡命，又教訓
> 人遵行，他在天國要稱為大的。我告訴你們，你們的
> 義若不勝於文士和法利賽人的義，斷不能進天國。

你們聽見有吩咐古人的話，說：「不可殺人」；又說：「凡殺人的難免受審判。」只是我告訴你們，凡向弟兄動怒的，難免受審斷；凡罵弟兄是拉加的，難免公會的審斷；凡罵弟兄是魔利的，難免地獄的火。所以，你在祭壇上獻禮物的時候，若想起弟兄向你懷怨，就把禮物留在壇前，先去同弟兄和好，然後來獻禮物。你同告你的對頭還在路上，就趕緊與他和息，恐怕他把你送給審判官，審判官交付衙役，你就下在監裡了。我實在告訴你，若有一文錢沒有還清，你斷不能從那裡出來。

你們聽見有話說：「不可姦淫。」只是我告訴你們，凡看見婦女就動淫念的，這人心裡已經與她犯姦淫了。若是你的右眼叫你跌倒，就剜出來丟掉，寧可失去百體中的一體，不叫全身丟在地獄裡。若是右手叫你跌倒，就砍下來丟掉，寧可失去百體中的一體，不叫全身下入地獄。

又有話說：「人若休妻，就當給她休書。」只是我告訴你們，凡休妻的，若不是為淫亂的緣故，就是叫她作淫婦了；人若娶這被休的婦人，也是犯姦淫了。

你們又聽見有吩咐古人的話，說：「不可背誓，所起的誓總要向主謹守。」只是我告訴你們，甚麼誓都不可起。

不可指著天起誓，因為天是 神的座位；不可指著地起誓，因為地是他的腳凳；也不可指著耶路撒冷起誓，因為耶路撒冷是大君的京城；又不可指著你的頭起誓，因為你不能使一根頭髮變黑變白了。你們的話，是，就說是；不是，就說不是；若再多說，就是出於那惡者。

你們聽見有話說：「以眼還眼，以牙還牙。」只是我告訴你們，不要與惡人作對。有人打你的右臉，連左臉也轉過來由他打；有人想要告你，要拿你的裡衣，連外衣也由他拿去；有人強逼你走一里路，你就同他走二里；有求你的，就給他；有向你借貸的，不可推辭。

你們聽見有話說：「當愛你的鄰舍，恨你的仇敵。」只是我告訴你們，要愛你們的仇敵，為那逼迫你們的禱告。這樣就可以作你們天父的兒子；因為他教日頭照好人，也照歹人；降雨給義人，也給不義的人。你們若單愛那愛你們的人，有甚麼賞賜呢？就是稅吏不也是這樣行嗎？所以，你們要完全，像你們的天父完全一樣。（〈馬太福音〉5 章 17–46 節）

　　這段經文的結構是對照法，在各種情況中先引用《舊約》的誡命，再以一個誡命相互對照，其中是否存在矛盾？或是以新誡命來撤銷舊誡命？從導言看來（17–20 節），所要探討

的並非律法的廢除，反倒是律法的實踐。猶太教的開端被接納，基督宗教的解釋與當時法利賽人的釋經競爭誰「更公義」、更符合啟示和世界的生命計畫。

　　然而如何詮釋這個「公義」，成為教會史中最具爭議的難題，在登山寶訓中體驗到最矛盾的解釋，這些觀點直到今日依舊意見極為分歧，不同的詮釋類型並存：人們曾經將《舊約》十誡及其在登山寶訓中的轉變視為是由聚焦倫理的外在行為轉向沉思倫理，並非是外在觀察的行為，反倒是行為者的意志才是根本上耶穌觀察的客體。其餘則證明登山寶訓的要求根本無法達成，而是將人類滿身的罪孽與根本不足的規定以對比方式呈現。更進一步的觀點是新十誡根本不是普遍有效的，唯有在盼望即將到來的世界末日這短暫時間、在個人範疇及其生命塑造，甚至在下位者起身反抗統治者不公義的待遇時，才具有特殊位置。

　　我們在此當然無法逐一討論上述這些見解，斟酌贊同或反對的觀點，甚或是得到一個最終的決定。因此必須保留一些可以導入討論登山寶訓的意見。

　　乍看之下，這個關於《舊約》誡命的新觀點似乎不過是使《舊約》誡命更尖銳化和激進化，這已顯示在第一個對句（21–26節）：不僅是殺人的必須受死亡審判，凡向弟兄動怒的，也必須受到審斷。這個強化是不可超越的：誰若剝奪他人的社會能力（這或許是指「摩利」（愚人）的用語），便受到地獄般的懲罰，在他所處的團體中，神永不與他同在。但

是並不停留在這裡，而是以完全不同的方式重新制定律法和
懲罰。這個問題討論人們如何在關係扭曲的情況中以理性方
式對待弟兄。當與弟兄的關係混亂時，卻只想到要獻上祭品
改善與神的關係，這是荒謬的舉動。這呈現出一個新的觀念：
一個迫使人們臣服的審判程序並不值得，較明智的做法是以
良善和接納的心來調整事情。

　　類似情形出現在這些對句的大多數地方，《舊約》誡命真
正以某種程度激進化，就這點而言並非是簡單的尖銳化，而
是不再被當作法律句子來觀察。某人使用一個罵人話語，在
最高法庭中一字不差被引用，也在別處一字一句作為規章，
使新誡命陷入荒謬的境地（例如 29 節以下），這顯然是錯誤
的。相反的，新誡命導引至更直接地觀照生命，如同顯示在
一個標準化和固定化的法律觀點中。儘管這些誡命具有保護
生命的作用，賦予生命樣貌和形式，使具有意義的共同生活
成為可能。但是這個律法的成就持續暴露在倒行逆失的危險
當中：透過律法的確認，誡命可以保護阻礙生命的權力要求，
並使一個或許錯失的共同生活情況凝結起來。在登山寶訓中
的誡命解釋抵制這種誤用：在第一個對比句中不可殺人的命
令達到重新恢復殘破生命的要點。

　　相對的，若現在觀察其他的對比，則處處可見相對應的
改變，特別是會發覺到進一步的闡述。在最後一個對比（43–
48 節）還必須提示一個事實。首先這裡反覆出現一個類似的
事實，如同馬太已經描述的：這個考慮是出自於《舊約》的

一條命令：「愛你的鄰人」。這條命令卻是透過一個在《舊約》中找不到的附註加以補充，「並恨你的敵人」，上面的暗示因此更爲明確：愛你的鄰人這個命令可以獲致一個對於生命無益的意義，也就是畫出一個社會的界限，提出額外的要求，並要貫徹執行，也因而局限他人的開展可能性。因此愛鄰人這個命令透過愛敵人進一步推展下去，人類同胞愛的界限因此被打開，並不限制在特定的關係裡。

　　愛敵人的命令是有根據的，可以透過大自然的現象來說明：太陽照義人也照惡人，太陽供應生命的可能是無界限的，這點顯示出一個與猶太教世界觀的對比，如同前面（頁 117-118）的說明：朋友和敵人、猶太人和非猶太人、義人和不信者的世界是一樣的，因此，原則上一條揀選的猶太人生命道路並不公平。這個認識在基督宗教領域中貫徹實施，使得可以轉向異教徒傳福音，並且使新悔改者不再有義務遵守猶太律法的一切規章。

　　因此這個在日常生活中必須接受考驗的行爲方式，擺脫宗教傳統的習慣。保羅在〈哥林多前書〉6 章 12 節採用一個顯然在哥林多教會具有深意的標語：「凡事我都可行」。他基本上是贊同的，卻接著表示：「但不都有益處」。這麼說來，每個行爲方式必須檢視是否考慮到生命品質的提升。倫理原則在宗教傳統保障下的有效位置，被永久經得起理性檢驗的處事方式所取代，在具體事件中尋找對當前最正確的方式。這樣的行爲是高標準的要求，必須由自身理解做起。

四、出世與入世

> 弟兄們，我對你們說：時候減少了。從此以後，那有
> 妻子的，要像沒有妻子；哀哭的，要像不哀哭；快樂
> 的，要像不快樂；置買的，要像無有所得；用世物的，
> 要像不用世物，因為這世界的樣子將要過去了。我願
> 你們無所掛慮。沒有娶妻的，是為主的事掛慮，想怎
> 樣叫主喜悅。娶了妻的，是為世上的事掛慮，想怎樣
> 叫妻子喜樂。（〈哥林多前書〉7 章 29–33 節）

　　保羅在這一章論述各式各樣具體的倫理問題，這顯然是
在哥林多地方向保羅陳述的當前問題。個別探討的問題如結
婚是否在倫理上值得推薦，如何評價兩性關係（1–9 節）；然
後是關於離婚（10–17 節）、社會和倫理身分的地位價值（18–
24 節）、未婚者和寡婦 (25–34 節)。具體的闡述一再透過原
則性的考慮加以補充，尤其是在 29–31 節。

　　我們在此概略敘述不同範圍內倫理方針的內容：保羅對
於兩性和家庭倫理的立場，透過極端懷疑直接的肉體生命表
現出來，情欲本身被評斷為惡，合法締結婚姻中的情欲滿足
為的是讓非法關係的情欲沒有活動餘地。家庭的建立也並非
是理所當然的生命目標，反倒是對於獨身不婚給予高度評價。
對於現存婚姻必須無條件維持現狀，即使是發生在基督徒與

非基督徒之間也是一樣。

面對現有的社會身分保羅是不感興趣的，無論是屬於猶太教或異教（以及相對應的生活形式）皆無關緊要，神的命令在這兩個領域內皆可以實現。這態度同樣也適用於社會身分，保羅並不看重在這方面的改變，也不曾致力於似乎可以解放奴隸地位的機會。

對於今日的讀者而言，這些倫理方針顯得極為陌生，較為重要的反倒是保羅所陳述的理由：一方面保羅建立在「神吩咐」（10 節）的基礎上，也因此婚姻的神聖不可侵犯對保羅而言是理所當然的，人們顯然也將耶穌的話流傳下來作為婚姻的準則，其中是否因此會有所誤解呢？當然在保羅倫理論證上並未流傳下來耶穌的立場，保羅在此雖然建立在神的靈對他說的基礎上（40 節），在整個思想脈絡中必須承認是保羅個人相對的意見。

保羅衷心盼望世界將要過去（31 節），他正如同當時的猶太教一樣數算著即將來到的轉變。根據這個理由，他拋開屬於這流逝世界以及人類繫根其上的一切，抱持排斥的距離來觀察家庭的建立，以及與這個流逝世界密切相關的肉體。面對這個變革，即將來臨的社會情勢改變自是無關緊要的。

當盼望將來的末世不再近在眼前時，保羅的這種態度也可以是有益的。這種態度按照「暫時的」和「最終的」區別保留下來，當指示直接即將來到的世界末日以及緊接著的新創造不再顯而易見時，必須重新闡明這個「最終的」意義。

此外，只要比較保羅在〈哥林多前書〉13章關於「丟棄的」和「常存的」區別，即可見保羅本身已處理這樣的轉變。我們可以導出結論，大意是政治規劃、社會規章等等從未直接符合基督的要求，因為這一切是在暫時的、可以超越的世界形象當中。

在教會歷史的演進過程中形成兩種截然不同看待世界的「宇宙觀」，可以概括為「出世」和「入世」兩種。

第一種態度在保羅身上最清楚鮮明：整個世界呈現在負面的預兆之下，對此基督徒的特色是持保留的態度，才得以逃離俗世往上提升。給予世界負面的評價並非是基督宗教獨有的特徵，相反的，大多數古代晚期的宗教（包括當時的猶太教）也持這樣的觀點：生命受到無法一窺究竟、令人畏懼的權勢掌控，人們等待救贖的來到。這個否定世界的基本論調一直持續到早期基督宗教盼望末世儘快來到才告終止。這樣的態度深刻影響奉行禁欲的隱士們的生活風格，這從第 2 世紀開始成為教會圖像的一環。菁英基督徒的行為包括一切屬於文化的行為方式，也就是斷絕與社會的連繫、極盡簡僕的衣著、否認肉體的需求等等。當然這種極端的逃離俗世很快地又告落幕：隱士文化被修道院文化消解，重新在社會關係中生活，並主導文化工作（甚至是以很有影響力的方式），也因此僅有部分可視為是逃離俗世。根本上唯有基督宗教的邊緣團體，如諾斯底教派完全貶抑世界，並且完全排除在神的影響範圍之外。在此創造世界的造物主不再是神，而是神

的仇敵魔鬼。教會不再接受這樣的運動，並加以區隔。

　　在出世的趨勢之外還有一種相反的入世的趨勢。歐洲的基督教化意謂著基督宗教文化的建立，吸收古代文明並加以轉化，而影響日耳曼民族的精神。值得觀察的是在宗教改革範圍內世界形象的趨勢，尤其是在宗教改革的教會當中。至於其他的關聯性已在前文提及（參見本書頁 113-114）。

第五章

啟蒙之後的基督宗教

我個人聲稱這是不可撼動的真理，既不允許
神學為理性服務，也不允許理性為神學服
務；而是必須堅守各自的領域，如所說的，
理性的領域是真理與智慧，而神學的領域是
敬虔和順服。

　　　　　史賓諾莎《神學政治論集》

一、宗教、理性、道德

　　基督宗教從一開始就沒有均衡發展，關於一些改變的推動，例如在發展的起始階段、過渡到國教時期，再到宗教改革時代，前文皆已談論過。

　　進一步的變革發生在人們稱為「啟蒙」的紀元。這個部分根源於基督宗教的哲學運動，不僅改變了歐洲的生活，更徹底改變了整個世界的面貌，西方世界的政治和技術工業革命也必須回溯到啟蒙運動。與這樣的表現相關聯的是，不僅宗教本身歷經深層的變化，即使是在社會當中的地位價值也截然不同，從彼時核心的位置，轉而退居到事件的邊緣。

　　其中產生的變化支配了當時的人與他所屬的宗教之間的關係，即使當人們試圖擺脫啟蒙的影響時也是如此。因此在這短短的一章中，將會發現在基督宗教流傳的文本當中，以對比的方式闡述有些個人的態度。

　　啟蒙起初以一種哲學運動的姿態出現，因此首先觀察兩位對於宗教有獨特見解的哲學家的意見是深具意義的：一位出身猶太教家庭、卻疏遠猶太教的史賓諾莎（Baruch de Spinoza, 1632–1677），他是啟蒙時代理性主義的「典型」人物。另一位是在許多方面超越啟蒙哲學，推動宗教向前邁進的康德（Immanuel Kant, 1724–1804）。

由於每個人皆被賜予解釋經文的至高權柄，因此除了
人人共有的陽光以外，對於釋經並不存在其他規範，
亦即既沒有超自然的啟發，也不具有外在的權柄。〔史
賓諾莎，《神學政治論集》，卡威利克 (G. Gawlick) 編
著 , 1976, 頁 137〕

認識與相信《聖經》的文字僅對平凡人是絕對必要的，
因為他的靈魂沒有能力清楚明確地理解事物。(同前
書，頁 89)

神的自然律不要求任何的儀式：本身毫無關聯的行為、
或是根據某個特定章程視為善行，或是體現救世的必
要之善，抑或是人們更喜歡超越人類理解能力之外的
行為意義。因為陽光對於在它之外的一切別無所求…
…(同前書，頁 70)

我個人聲稱這是不可撼動的真理，既不允許神學為理
性服務，也不允許理性為神學服務；而是必須堅守各
自的領域，如所說的，理性的領域是真理和智慧，而
神學的領域是敬虔和順服。(同前書，頁 226)

以這樣的方式使道德律透過至善的概念，作為純粹實
踐理性的客體和最終目標，成為宗教，也就是認知到
所有的義務為神的命令而非許可，亦即並非是陌生的
意志任意加諸己身的偶然命令，而是作為個人自由意

志反求諸己的基本律法，然而這也必須視為至高者的
命令……〔康德，《實踐理性批判》，柯伯（Kopper）編
著，RUB 1111，頁 206〕

我慎重認為下列句子為無需證明的原理：在人類美好
的生活變遷之外還誤以為能做的，就是取悅神，這一
切只不過是宗教幻想和迷信上帝。〔康德，《純粹理性
範圍內的宗教》，佛連德（K. Vorländer）編著，1950⁵，
頁 191〕

　　啟蒙開啟另一種對待《聖經》的嶄新方式，史賓諾莎表
述的釋經原則後來成為理所當然：《聖經》的文字根本上也可
以如同其他文章一樣去閱讀，必須訴諸同樣的人類理性來加
以理解；此外它並不會受到教會權柄的約束，也不用依據超
自然的天賦。人人都有理解《聖經》文字的能力，必須為自
己的詮釋在理性論壇前負責。

　　此外，對於《聖經》的文字必須從歷史上來理解，先從
無爭議處和經文範圍著手，進而解釋艱澀難以理解的部分，
於是在經文之間便產生一個批判的距離。

　　史賓諾莎藉此表述《聖經》知識的歷史批判原則，本書
也採用這種方式。總而言之，史賓諾莎掌握到一些對於《舊
約》文學史的認識，例如他證明摩西不可能是「摩西五經」
的作者。

　　人們對於《新約》、《舊約》的歷史觀察提出許多無法明確回答的問題，因此許多以色列史和《聖經》文學史的問題至今仍爭論不休。這個爭論並未結束，隨著時代的演進不斷有新的問題出現；想要回應這些問題的人，必須面對理性的審判的挑戰，而這是無人可以接受的。

　　直到啟蒙時代，宗教一直傳達一種完整的世界圖像，也因此宗教是知識、價值、規範和生活實踐的根本。自從中世紀以來即傾向於將知識和科學的領域與宗教脫鉤，但卻未能持續發展下去，由伽利略事件可見一斑。隨著啟蒙運動一切都改觀了。如同史賓諾莎所主張的，宗教所探究的根本不在於「真理」，而在於「敬虔與順服」。宗教激勵人們行善，人們自然不認為這是命令。康德對於宗教則另有一番道德詮釋，宗教確保每個人的自我肯定，樂意行善，這同時也與神的意志連結在一起。

　　這個開端具有多元的影響力，知識從宗教的領域脫離出來，進一步被視為理所當然：科學和信仰並非相互抵觸的，例如往往會強調《聖經》的〈創世記〉不應該和科學的觀點進行論爭。由於無法逐一解決這種種的問題，因此近來在美國的討論顯示出進化和創造的基督宗教構想一致，共同開展生活，以爭取學校的認同。

　　首先宗教作為道德而被廣泛地接受，例如當人們詢問基督宗教的本質時，往往指出愛你的鄰人這條命令。這個特定習俗的行為規定成為核心，相反的，悔改和信仰等則退居次

要位置。特別是在 19 世紀，基督宗教習俗已經和市民文化緊密結合在一起。

　　在不久的過去，這種基督宗教的道德詮釋顯示了一種新的內容，它不再是建立在基督宗教上，而是社會的個人實踐上，早在上一個世紀基督宗教社會主義將所有這一切只當作邊緣現象，意圖打著政治和社會改革的旗幟推倒神的國。一直到最近幾年，這樣的運動在整體教會的領域內才獲得較大的影響力；人們只想到「支持社會主義的基督徒」，受宗教激勵的愛和平與反核能運動，以及歐洲地區以外的解放神學運動。

　　史賓諾莎已指出宗教文化、禮拜以及基本獨特信仰的內容根本是多餘的，唯有指示出「神的律法」的特質，雖然這個指示對於一般民眾是有必要的，但對於受啟蒙洗禮的人來說卻顯多餘。康德更尖銳的指出，若將超出道德行為之外的一切在本質上仍以宗教視之，就必須為此受到指責。因此禮拜行為和一切傳統的敬虔若不受到貶抑，至少也已成為個人的喜好了。

　　這種趨勢在新教教派特別佔有一席之地。自 19 世紀以來，平均做禮拜的人數越來越少，唯有在戰爭期間例外。然而人們經常聽到不用做禮拜，也可以是好基督徒的說法，這個觀念是結合宗教的道德詮釋，是對於「儀式」的誤用。

　　當禮拜行為、傳統敬虔形式以及悔改和信仰內容的有效性受到局限，介於各種信仰和宗教之間的差異性也退居次要

位置。深植於基督宗教傳統的世界教會運動必然帶有神學動機，在《新約》中基本上已宣告教會的統一。此外人們也不可低估這個事實：所陳述的理由之差異點不再那麼明顯，教會和宗教其實已被推擠到一個邊緣位置，這對於兩者的互相靠攏是有必要的。關於這點是以下所要探討的。

二、宗教在今日社會

潘霍華 (Dietrich Bonhoeffer, 1906–1945) 概述上個世紀在一切生活範圍明顯增加的世俗化，不同於與他同時代的基督徒，潘霍華對於這現象給予正面的詮釋：

> 大約在 13 世紀……開始聚焦於人類自主的運動(其中所理解的是發現律法，世界按照律法生活在科學、社會和國家生活、藝術、倫理、宗教當中，並且能自己克服)，這在我們的時代在某種程度上成為理所當然的。人類已學會在許多重要問題上靠自己解決，不倚靠「工作前提：神」的外來幫助。在科學、藝術以及倫理的問題上這已是不言可喻的，人們已不敢去動搖這些領域。自從大約一百年前這樣的情形也適用在宗教問題上，顯示出人們沒有「神」也可以，甚至比以前更好。正如同在科學領域一樣，「神」不斷地從人們一般的生活領域被驅逐出來，毫無立足之地……

針對基督教辯護士批評俗世的幼稚，首先我認為是無
意義的，其次是不高尚的，第三是非基督的……。非
基督的原因是基督對於人類的宗教虔誠分為幾個階
段，亦即與人類的律法顛倒。〔潘霍華，《反抗與順服》，
貝格（E. Bethge）編著，1955[6]，頁215以下〕

　　自古基督宗教時代直至新時代以降，宗教一向是社會的
中堅，賦予一切生活領域應有的地位和意義，相對地也將宗
教習俗貫徹到種種的生活面向：皇帝因著神的恩典而統治；
工匠和農夫以宗教形式和風俗伴隨著日常生活，家庭生活過
程深受禱告和敬拜影響等。展現作為宗教核心福音的禮拜，
也影響所有的生活面相。

　　尤其是自從啟蒙運動之後，各種不同的生活面向擁有自
治權，類似之前談論過科學脫離宗教的情形也適用於其他領
域。國家在宗教上是中立的，科學臣服於獨自的律法，家庭
仍保留宗教價值傳統最後的堡壘，其中包括習俗和飯前禱告
逐漸的消失。早期建立在宗教上的權柄構造已改變，而關於
倫理和非倫理共同生活的道德想像不再符合早期教會的規
範。

　　原則上，教會懷著憂慮來看待這樣的演變，儘管尚未危
及到教會組織的核心，卻逐漸地掏空教會，由於教會的不安
轉而起身防禦，促使教會各組織更緊密的結合起來。這個濃
縮過程也可以視為是「健康濃縮」，很多人認為今日許多民族

教會的情況已不合時宜，並尋找一種使少數信服的教會。

　　潘霍華對於世俗化運動的解釋具有正面的意義：基督信仰從宗教的功能釋放出來，得以滿足任何人的需求；耶穌的信徒此時更呈現出根本是俗世生活的樣子。這個概念是按照嚴謹的區分「宗教」和「基督信仰」而來；當人們察覺到宗教日薄西山之時，同時也看到信仰的未來。

　　如此一來，宗教在人們心裡紮根更深，似乎回到往日時代。在教會邊緣以及教會組織範圍之外出現越來越多的團體，其中有基督宗教的虔誠,也體現日益增多的非基督宗教信仰。此外，我們也必須觀察這些完全不同的趨勢：在鬆散組成的團體之外有很明顯獨裁嚴屬的組織；在宗教改革派之外有嚴謹信仰《聖經》的非政治派；在理智最高的要求之外，有人在思想和語言上表達對於宗教事務感到厭煩，想要以唱歌和跳舞來表現他們的信仰。

　　宗教因此變得多采多姿，每個人只要願意，都有適當的宗教可以滿足他,已有根基的教會提供不同需求的大調色盤。在這個界限之外的可能性是無法一窺究竟的，因此當代歐洲人也能接受東方的宗教形式甚至是伊斯蘭教。

　　基督宗教變得既多元又相互矛盾，這在基督宗教的歷史過程中是前所未有的。在這種情形之下，基督宗教如何保持自身的持續性？而這是否完全符合啟蒙的原則？抑或是回到啟蒙時代以前的生活形式？如何標幟這個帶有福音教派和基本教派的範疇？或許透過來自基督宗教的推動，將在西方文

化範圍之外成為另一種嶄新傳揚福音的方式，並且獲得新生
命？

參考書目

（主要為通俗易懂的口袋書，有助於對個別主題的深入了解）

關於《聖經》、《聖經》發生史以及福音的導論：

H. W. Wolff/G. Bornkamm, *Zugang zur Bible*, 1980

H. A. Mertens, *Handbuch der Biblekunde*, 1984[2]

Sachkunde Religion. 1. Bibel, Kirche, Theologie, hg. v. G. Otto, 1984[7](Urban–
 Kohlhammer)

今日其他科學處理《聖經》文本的簡單描述：

R. Bultmann, *Jesus Christus und die Mythologie*, 1980[5](GTB)

B. Lang, *Ein Buch wie kein anderes*, 1982

G. Lohfink, *Jetzt lese ich die Bible richtig*, 1983[12]

W. Marxen, *Der Streit um die Bible*, 1972 (Schriftenmission)

閱讀《聖經》的輔助工具，淺顯易懂的評論系列：

Von Aaron bis Zypern. Lexikon biblischer Eigennamen, hg. v. H. D. Hoffmann
 u.a., 1983(GTB)

Das Alte Testament Deutsche/Das Neue Testament Deutsch(Neues Göttinger
 Biblewerk)

L. H. Grollenberg, *Kleiner Bildatlas zur Bible*, 1982[2](GTB)

E. Lohse, *Umwelt des Neuen Testaments*, 1983[6]

H. H. Rowley, *Atlas zur Bible*, 1982

Taschenlexikon Religion und Theologie, hg. v. E. Fahlbusche, 5 Bde., Göttingen 1983[4]

Zürcher Biblekommentare

關於《聖經》的人類圖像：

H. W. Wolff, *Anthropologie des Alten Testaments*, 1984[4]

關於耶穌：

R. Bultmann, *Jesus* 〔1926〕 1983(UTB)

G. Bornkamm, *Jesus von Nazareth*, 1983[13](Urban)

H. Braun, *Jesus. Der Mann aus Nazareth und seine Zeit*, 1982[4](GTB)

關於保羅：

G. Bornkamm, *Paulus*, 1983[5](Urban)

關於耶穌在《新約聖經》中的意義概念：

E. Schweizer, *Jesus im vielfältigen Zeugnis des Neuen Testaments*, 1979[5](GTB)

關於基督教歷史：

K. Aland, *Kirchegeschichte in Zeittafeln und Überblicken*, 1984(GTB)

B. Moeller, *Geschichte des Christentums in Grundzügen*, 1983[3](UTB)

描述今日基督教信仰：

G. Ebeling, *Das Wesen des Christlichen Glaubens*, 1977[4](GTB)

A. v. Harnack, *Das Wesen des Christentums*, 〔1900〕 1977(GTB)

W. Pannernberg, *Das Glaubensbekenntnis, ausgelegt und verantwortet vor den Fragen der Gegenwart*, 1982[4](GTB)

H. Zahrnt, *Die Sache mit Gott. Die protestantische Theologie im 20. Jahrhundert*, 1972(dtv)

關於新時代基督教的情形：

D. Bonhoeffer, *Widerstand und Ergebung*, 1983[12](GTB)

H. Küng, *Christ sein*, 1976(dtv)

關於基督教倫理：

M. Honecker, *Das Recht des Menschen. Einführung in die evangelischen Sozialethik*, 1978(GTB)

J. M. Lochmann, *Wegweisung der Freiheit. Abriß der Ethik in der Perspektive des Dekalogs*, 1979(GTB)

H. Ringeling, *Ethik vor der Sinnfrage*, 1980(GTB)

當代對於基督教尤其是後基督教的宗教社會學分析：

P.L. Berger, *Auf den Spuren der Engel*, 1970(Fischer–TB)

宗教文庫

堅定的信仰，高尚的道德品格

奴隸變宰相的約瑟　蘇淑芬／著

《聖經》說：「人的忿怒要成全你（神）的榮美；人的餘怒，你（神）要禁止。」約瑟就是一個好的例子，哥哥們將他賣到埃及，本意是要滅絕他，但在約瑟的眼中，竟是全能的神扭轉一切的惡事變成為好事，先到埃及來為他們預備糧食以及居住的所在。所以，在人生旅途中，我們可能沒有好的資質、好的機會，沒有遇到貴人，甚至遭人陷害，或是被出賣，人生就好像要陷入無底泥沼中；但是人生也正如一場牌局，手中雖然拿到壞牌，可是經過神的扭轉、神的祝福，也會打贏人生的下半場。

多難之路──猶太教　黃陵渝／著

猶太教的核心是相信宇宙有而且只有一位上帝存在，其教義強調猶太人是上帝從萬民中揀選出來的一個特別民族，受到上帝的眷顧，並肩負上帝委託的特殊使命。然而，這個民族卻經歷了滅國、流亡及種族屠殺等乖舛多難的命運。在背負過去的傷痛及靜待救贖的日子裡，且讓我們共體猶太信仰在人類史上的堅貞與多難。

滿族薩滿教　王宏剛 于國華／著

「薩滿」為通古斯語，意為「知曉神意的人」。薩滿教是北方先民用集體的力量擺脫蒙昧的一種文化形態，它記錄了人類童年時代的某些精神景觀與心靈發展的歷史軌跡。本書深入「白山黑水」的東北滿蒙地區，為你揭開一幕幕美麗的原始神話，讓你飛翔在薩滿的萬物神靈裡。

伊斯蘭教與中國社會　葛壯／著

曾經有一個虔誠的穆斯林說：「如果我信仰真主，當然是我優越，如果我不信仰真主，這條狗就比我優越。」就因為穆斯林們的堅定信仰，使得阿拉伯的伊斯蘭文化不斷地在中國各地傳播，並與中國各朝代的商業、政治、文化及社會產生了密切的互動。且讓我們走進歷史的事蹟裡，一探穆斯林在中國社會中的信仰點滴。

宗教文庫

愛與和平的心靈獻禮，生命與價值的融合

佛教入門　　三枝充悳／著　黃玉燕／譯

　　佛教一直以宗教的立場來開導大眾，使人得到精神安慰。再加上佛教能建立思想，使其成為人們實踐的支柱，這更對各種優異文化的形成、深化、發展等，有很大的貢獻。本書全部圍繞在「何謂佛教」這個主題上，對於佛教入門所必須述及的各種問題，以平實的文字做忠實的敘述，使佛教的整體面貌得以開顯。

印度教導論　　摩訶提瓦／著　林煌洲／譯

　　由正當的語言、思想及行為著手，積極地提升自己的內在精神，寬容並尊重各種多元的思想，進而使智慧開顯豁達，體悟真理的奧祕，這就是印度教。印度教強調以各種方法去經驗實在及實踐愛，而這正是本書力求把印度教介紹給世人的寫作動力。藉由詳盡的闡釋，本書已提供了一條通往永恆及良善生活方式的線索。

宗教學入門　　瓦鄧布葛／著　根瑟·馬庫斯／譯

　　人類的宗教呈現分殊多樣的面貌，這是人類精神所展現的多元現象，也是人類文化的豐富遺產。人類總在理性的盡頭走上信仰，然而，站在人文精神與知識的立場，我們應如何去思索宗教現象，以及探尋關於宗教的可靠知識呢？本書主張把宗教現象視作人類現象來研究，分別從歷史、比較、情境以及詮釋學來充實其內涵，系統性地從幾種不同的學科與途徑來介紹當前的宗教研究，企使宗教建立一門知識性的學科。

中國民間信仰與道教　　劉仲宇／著

　　中國傳統文化中，儒釋道號稱三教，是中國文化的主要支柱。說支柱，同時也就意味著它們不能囊括全部的中國文化。在民間，還有每日每時在日常生活中大量重現的俗文化。民間信仰即俗文化的一部分，對它的了解，是理解民眾精神生活的重要途徑，本書詳述中國民間信仰與道教的互動與發展，使讀者能更加理解鮮活的中國文化。

禪與精神醫學　平井富雄／著　許洋主／譯

身心和諧是現代人所極需要、但又難以獲致的境地；然而，一種簡易的坐禪卻產生了莫大的功效，讓人心地開明、廓然瑩徹。本書從心理科學的理論來檢視坐禪的奧妙，並從具體的醫療實例及腦波變化來驗證理論，不僅為精神醫學的領域開拓了新風貌，更為坐禪提供了精神科學的基礎。

覺與空:印度佛教的展開　竹村牧男／著　蔡伯郎／譯

「覺」與「空」，無疑是一切學佛的實踐者與研究者最關注的兩個課題，然而這兩個課題的內容並不容易說清楚，此書正是以這兩個課題為主軸，透過作者精闢扼要的論述，來討論從釋尊以來佛教的發展與流轉，此書可說是一部生動簡明的佛教史。

白馬湖畔話弘一　陳星／著

碧水瀲豔的白馬湖有著桃花源般的寧靜，它以超凡的秉性成為千丈紅塵中的清涼世界；而弘一大師就像引起湖面漣漪的一股清流，他與白馬湖作家群交錯成一幕魅力無窮的人文風景。本書娓娓道出弘一大師在白馬湖居留期間的事跡，讓您沈浸在大師的文心、藝術與佛緣裡。

茅山道教上清宗　鍾國發／著

不了解上清宗，就不能真正了解茅山道教；不了解茅山道教，就不能真正了解中國道教；而不了解中國道教，就不能真正了解中國文化和中國人。本書深入淺出地描述以神仙理想和道教活動為主線的歷代茅山文化風貌及其演進，以及仙山形勝、宮觀格局、隱居心態、存想體驗、動天福地、山中宰相、丹鼎爐火、符籙印劍、宗師統系、教門盛衰等諸多趣聞，並對道教史上的一些疑難問題提出個人見解，可謂雅俗共賞。

國家圖書館出版品預行編目資料

基督宗教 / Fritz Stolz著; 楊夢茹譯.－－初版一刷.－
－臺北市；東大，2003
　　面；　　公分－－(宗教文庫)
參考書目：面
譯自：Christentum
ISBN 957－19－2746－5　(平裝)

1.基督教－信仰 2.基督教－教會

242.42　　　　　　　　　　　　　92012856

網路書店位址　http：// www. sanmin. com. tw

ⓒ 基 督 宗 教

著作人　Fritz Stolz
譯　者　楊夢茹
發行人　劉仲文
著作財
產權人　東大圖書股份有限公司
　　　　臺北市復興北路386號
發行所　東大圖書股份有限公司
　　　　地址／臺北市復興北路386號
　　　　電話／(02)25006600
　　　　郵撥／0107175－0
印刷所　東大圖書股份有限公司
門市部　復北店／臺北市復興北路386號
　　　　重南店／臺北市重慶南路一段61號
初版一刷　2003年9月
編　號　E 240020
基本定價　貳元肆角
行政院新聞局登記證局版臺業字第〇一九七號

有著作權‧不准侵害

ISBN　957－19－2746－5　(平裝)